Stephen C. Lundin | Harry Paul | John Christensen

FISH! for Life

Stephen C. Lundin | Harry Paul | John Christensen

FISH! for Life

Mit der FISH!-Philosophie zu einem glücklichen Privatleben

Aus dem Amerikanischen von Sabine Schilasky

mvg Verlag

Bibliografische Information der Deutschen Bibliothek
Die Deutsche Bibliothek verzeichnet diese Publikation in der Deutschen Nationalbibliografie; detaillierte bibliografische Daten sind im Internet über http://dnb.ddb.de abrufbar.

Titel des Originals: Fish! for Life
Aus dem Amerikanischen übersetzt von Sabine Schilasky

Ein Unternehmen der Süddeutscher Verlag Hüthig Fachinformationen

Umschlaggestaltung: INIT, Büro für Gestaltung, Bielefeld
Redaktion: Barbara Imgrund, Heidelberg
Satz und Gestaltung: Beate Soltész
Druck: Druckerei Theiss GmbH, A-9431 St. Stefan
Printed in Austria
ISBN 3-636-06101-1

Einleitung

Mit siebzehn Jahren begann für mich ein Abschnitt, den ich im Nachhinein als „die sechs Sommer, die mein Leben prägten", bezeichne. Während dieser sechs Sommer arbeitete ich jeweils vierzehn Wochen als Betreuer im Camp Courage.

Camp Courage ist ein Feriencamp für schwerbehinderte Kinder, von Kindern mit Querschnittslähmung bis hin zu solchen mit Muskelschwund. Ein fantastischer Ort, wirklich. Dort wurde den Kindern alles geboten, was auch „normale" Feriencamps bieten: Schwimmen, Kanufahrten, Nachtwanderungen und Lagerfeuer. Ein paar Dutzend jugendliche Betreuer standen den Kindern bei allen Aktivitäten zur Seite. Ihre Eltern, denen der Alltag mit ihren kranken Kindern eine Menge abverlangte, konnten diese Wochen genießen und einmal eine Pause einlegen. Ganz besonders jedoch profitierten die Betreuer von den Erfahrungen, die sie im Camp machten. Sie ahnten es nicht unbedingt immer, doch sie lernten hier Dinge, die sie ein Leben lang begleiteten. Ich war einer von ihnen, und mir ist dort so manches aufgegangen.

Was ich im Camp Courage erlebte, hat meine Weltsicht nachhaltig beeinflusst. Das Camp war der lebendigste, fröhlichste und optimistischste Ort, an dem ich je gearbeitet habe. Und er war geprägt von einer lebensbejahenden Aufrichtigkeit, die jedwede Heuchelei im Keim erstickte. Der Umgang mit und die Nähe zu den Kindern war von einer Intensität, wie ich sie selten irgendwo anders erlebt habe.

Wir hatten eine Menge Spaß, und die Kinder waren wundervoll. Besonders beeindruckte mich die Art, wie sie mit ihren Behinderungen fertig wurden. Sie haben mir gezeigt, was es bedeutet, sich gegen alle Widerstände persönliche Freiheit zu erkämpfen. Obwohl sie mit körperlichen Einschränkungen leben mussten, nahmen sie sich die Freiheit, einfach alles auszuprobieren, was sich ihnen darbot. Und wir Betreuer lernten von ihnen, unsere besten Eigenschaften unter Beweis zu stellen. Wir wollten ihnen die Sommerwochen so schön wie möglich gestalten, denn wir wussten, dass einige von ihnen nicht lange genug leben würden, um im nächsten Jahr wiederzukommen.

Vierzig Jahre vergingen, bis mir klar wurde, was mich Camp Courage vor allem lehrte: nämlich präsent in der Welt zu sein. Dieses Präsentsein ist der zentrale Aspekt der FISH!-Philosophie. Die Bezeichnung ergab sich – wie so vieles im Leben – durch einen Zufall. Mein Kollege John Christensen verbrachte eine Woche in Seattle, wo er den Dichter David Whyte filmte, der seine Poesie in die Wirtschaftswelt trägt. Nach Beendigung der Filmarbeiten musste er den Samstag in der Stadt verbringen, bevor er nach Hause zurückreisen konnte. Also machte John einen Einkaufsbummel, bei dem er zufällig auf einem Fischmarkt landete. Die Stimmung, die dort herrschte, faszinierte den Dokumentarfilmer so sehr, dass er sie auf Film bannte. Während wir das Material zusammenschnitten und mit dem Namen „FISH!“ versahen, verfasste ich das gleichnamige Buch, und so entstand die FISH!-Philosophie.

Wer auf die FISH!-Philosophie stößt, erkennt sie an den folgenden „Zutaten“ (die in unterschiedlich starker Ausprägung auftauchen können):

Spiele (Spaß und Leichtigkeit),

Bereite anderen Freude (das Positive im Umgang mit anderen fördern),

Sei präsent (den Moment leben und anderen ungeteilte Aufmerksamkeit widmen)

und

Wähle deine Einstellung (erkennen, dass man die Einstellung selbst bestimmt, mit der man an die Dinge herangeht).

Dem ersten FISH!-Buch folgte ein zweites, *Noch mehr FISH!*, mit wahren Geschichten aus Unternehmen, und ein drittes, *Für immer FISH!*, das sich mit der Frage beschäftigt, wie die FISH!-Philosophie langfristig zu erhalten ist. Dieses vierte Buch nun ist gewissermaßen ein Destillat meiner Erlebnisse auf den Vortragsreisen, auf denen ich immer wieder von Zuhörern angesprochen wurde, die mir ihre Erfahrungen mit FISH! schilderten und häufig mit einem verschwörerischen Lächeln hinzufügten: „Wissen Sie übrigens, dass die FISH!-Sache bei mir zu Hause auch funktioniert?" So kam es, dass ich nach und nach auch einige private FISH!-Geschichten erfuhr.

Diese Geschichten haben mir klar gemacht, dass wir am Ende unseres Arbeitstages viel mehr mit nach Hause bringen als die Papiere, die wir am Abend durchgehen müssen, unsere leeren Thermoskannen und die Reste von unserem Mittagessen. Wir tragen unsere FISH!-Philosophie heim. Wie das aussieht, wenn die FISH!-Philosophie in unsere vier Wände Einzug hält, beschreibt dieses Buch.

Stephen C. Lundin

Mary Jane und Lonnie

Vier Jahre sind vergangen, seitdem Lonnie Mary Jane einen Heiratsantrag gemacht hat. Damals saßen sie in ihrem Lieblingscafé und redeten. Beide erkannten zu jener Zeit, dass aus ihrer Freundschaft mehr geworden war. Und als Mary Jane nun Lonnie, wie so oft, um ein Stück von dem Brötchen bat, das sie sich meist teilten – wobei Mary Jane den Löwenanteil verzehrte –, schob er ihr nicht etwa den Teller mit besagtem Brötchen zu, sondern etwas ganz anderes. Es war der Kopf eines Mönchsfisches, dessen Maul weit offen stand. Und aus dem aufgesperrten Maul blinkte ein Verlobungsring. Nachdem Mary Jane sich von ihrem ersten Schrecken erholt hatte, nahm sie Lonnies Antrag begeistert an und ließ sich von ihm den Ring anstecken.

Lonnie hätte auch einen beliebigen anderen Fischkopf wählen können, denn als Fischhändler auf dem berühmten Fischmarkt am Pike Place konnte er auf einen umfangreichen Vorrat zurückgreifen. Der Fischstand, an dem er arbeitete, war nicht nur einer von vielen Marktständen, zu dem die

Leute kamen, um Fisch zu kaufen. Er war außerdem ein beliebtes Ausflugsziel für Touristen, die scharenweise dorthin reisten, um den Fischhändlern bei der Arbeit zuzusehen. Wer von diesem Fischstand wegging, nahm nicht nur ein Abendessen mit, sondern auch ein Lächeln und ein paar tolle Geschichten. Mary Jane und Lonnie waren sich vor fünf Jahren erstmals hier begegnet, als Mary Jane in ihrer Mittagspause von dem regen Treiben am Stand angelockt worden war. Seinerzeit schleppte sie außer ihrer braunen Lunchtüte auch ein riesiges Problem mit sich herum. Und Lonnie, der die Sorgenfalten auf ihrer Stirn sah, tat, was er so gut konnte: Er verwickelte sie in ein nettes Gespräch, bis sich anstelle eines Stirnrunzelns ein Lächeln auf Mary Janes Gesicht zeigte. Während Lonnie sich ihre Geschichte anhörte, nahm er ihr ein wenig von der Last, an der sie so schwer zu tragen hatte.

Lonnie hatte zu jener Zeit keine Ahnung gehabt, was genau Mary Jane bedrückte; er reagierte einfach menschlich auf einen Menschen, der dringend eine Aufmunterung zu brauchen schien. Mary Jane hatte kurz zuvor ihren Mann verloren und war als allein erziehende Mutter zweier Kinder auf die Gehaltserhöhung dringend angewiesen, die mit der neuen Position einherging, welche man ihr angeboten hatte. Deshalb hatte sie Ja gesagt – und das, obwohl sie wusste, welcher Ruf der Abteilung vorauseilte, die sie fortan leiten würde. Anfangs hatte sie noch gehofft, die Geschichten über ihre neuen Mitarbeiter wären übertrieben gewesen, doch wie sich herausstellte, war die Arbeitssituation sogar schlimmer, als sie es sich ausgemalt hatte. Vom ersten Tag an machten ihre demotivierten und zynischen Mitarbeiter ihr das Leben schwer. Als sie auf den Fischmarkt kam, war Mary Jane ratlos und verängstigt. Sie wusste, dass sie die Arbeitssituation ändern musste, hatte aber keine Ahnung, wie sie das anstellen sollte.

Lonnie verwickelte sie also in ein Gespräch, und sie erzählte ihm von ihrer Beförderung bei First Guarantee Financial und der mürrischen Belegschaft, die sie übernommen hatte. Er wollte sich ausschütten vor Lachen, als er erfuhr, welchen Spitznamen die Abteilung bei den Managern des Unternehmens hatte: „Giftmülldeponie". Zugleich aber bewunderte er Mary Janes Entschlossenheit und war neugierig auf die Geschichten, die sich hinter den gigantischen Fassaden der Bürogebäude rund um den Markt ereigneten.

Mary Jane fragte ihn danach, warum es auf dem Fischmarkt so lebendig zuging und ob sie hier etwas lernen konnte, das sich auf ihren Arbeitsplatz übertragen ließ. Lonnie wollte ihr gern helfen, nicht nur weil es nun einmal seinem Naturell entsprach, andere Menschen nach Kräften zu unterstützen, sondern auch weil er mehr Zeit mit ihr verbringen wollte; denn er fand Mary Jane vom ersten Augenblick an ausgesprochen sympathisch. Also verabredeten sie ein Treffen, bei dem Lonnie ihr ausführlich beschreiben wollte, wie das Leben auf dem Fischmarkt aussah.

Mary Jane lernte schnell und wandte das Gelernte auf ihre Abteilung an. Bald schon begannen ihre Mitarbeiter, von sich aus den Fischmarkt zu besuchen und sich dort Anregungen zu holen, wie sie die Arbeit in ihrer Abteilung befriedigender gestalten konnten. Es dauerte nicht lang, da war bei First Guarantee in aller Munde, was im dritten Stock geschah.

Mary Jane und ihre Kollegen entdeckten für sich jene alte Weisheit neu, die auf dem Fischmarkt lebendig geworden war, und wandelten gemeinsam ihre Abteilung zu einem Arbeitsplatz, der am Ende so begehrt war, dass man Wartelisten für die Bewerber aus anderen Abteilungen einrichten musste. Die Arbeit war dieselbe wie vorher, doch die Art und Weise, wie die Leute morgens in ihren Arbeitstag starteten, hatte sich grundlegend verändert. Aus den demotivierten Angestellten wurde ein Team, dessen Leistung bei internen wie externen Kunden Bewunderung erntete.

Doch all das lag Jahre zurück. Inzwischen hatte Mary Jane Lonnie geheiratet, wurde nochmals befördert und hatte zwischen Arbeit und Haushalt kaum noch Zeit für sich und ihre Familie.

Was ist mit meinem Leben passiert?

Beim Staubwischen hielt Mary Jane Ramirez für einen Moment vor den Hochzeitsbildern auf dem Kaminsims inne. Sie sah sie sich nach langer Zeit einmal wieder genauer an. Beim Anblick der bunt gemischten Schar aus Fischhändlern und Angestellten der First Guarantee vor der Kirche musste sie lächeln. Dann schaute sie durchs Fenster hinaus in den Sonnenschein und dachte: *Von Tagen wie diesen erzählt man niemandem, der nicht hier wohnt. Wüssten sie, wie wunderschön es bei uns ist, dann würden immer mehr Leute herziehen wollen, und wir kämen auf dem Freeway gar nicht mehr aus dem Stau heraus.*

Sie arbeitete sich beim Putzen bis in den obersten Stock des Hauses vor, wo der Dachboden zu einem Arbeitszimmer ausgebaut war. Von den Fenstern aus hatte man einen fantastischen Blick auf die Skyline der Stadt. An den Wänden hingen Familienfotos. Mary Jane liebte diesen Raum, denn er stand für ihr neues Leben mit Lonnie. Doch heute Morgen fiel ihr etwas auf: nämlich dass all diese Fotos in den ersten beiden Jahren ihrer Ehe aufgenommen worden waren. Wo aber waren die letzten beiden Jahre?

Vor jedem der viktorianischen Fenster stand ein Schreibtisch, und Mary Jane dachte daran, wie oft die Familie in der ersten Zeit gemeinsam die Abende im Arbeitszimmer verbracht hatte. Mary Janes Kinder Brad und Sarah hatten ihre Hausaufgaben gemacht, Lonnie gelesen und Mary Jane die Reste ihres Papierkrams für die Firma erledigt. Damals hatte sie viel Wert darauf gelegt, Zeit mit ihrer Familie zu verbringen, und so war sie sehr froh gewesen, Job und Familie verbinden zu können, indem sie ihre Arbeit umgeben von ihren Kindern und ihrem Mann tun konnte.

Bei der Erinnerung daran überkam sie ein leichtes Schwindelgefühl; sie musste sich setzen. Das Arbeitszimmer mit den vielen Fotos aus glücklichen Tagen hatte in ihr Beunruhigung ausgelöst. *Was ist aus dem Traum geworden, der mein neues Leben werden sollte? Ich habe das Gefühl, von Arbeit und Routine verschlungen zu werden, ohne etwas dagegen unternehmen zu können. Wo sind die wunderbaren Momente geblieben, die Lonnie und ich erlebten, als wir frisch verliebt und jung verheiratet waren?*

Mary Jane sah auf ihren Schreibtisch. Unter ihrem Kalender lugte die Ecke eines Stück Papiers hervor, das sie sofort wieder erkannte, wie man einen alten Freund wieder erkennt. Auf diesem und ähnlichen Blättern hatte sie sich während der schwierigsten Phasen ihres Arbeitslebens täglich Notizen gemacht.

Nun betrachtete sie die zerknitterten und mit Kaffee befleckten Notizen. Angefangen hatte es damals als Bericht von ihren Besuchen auf dem Fischmarkt, aus denen sich allmählich eine umfangreiche Beschreibung ihrer Arbeit bei First Guarantee ergeben hatte. *So viel ist passiert, seit ich das erste Mal mit einem großen Problem und ohne eine Aussicht auf Lösung auf den Fischmarkt kam.*

Sie nahm die Papiere auf. *Ich sollte sie noch einmal ins Reine schreiben, aber diesmal werde ich alles in mein Tagebuch eintragen.* Als sie die unterste Schreibtischschublade öffnete, dachte sie: *Wie es aussieht, habe ich einen Schreibfimmel.* Denn darin fanden sich ordentlich sortierte Stifte in allen Farben und mehrere Papiersorten. Sie holte die Schachtel mit ihrem „Spezialpapier" heraus, das einzig ihrem Tagebuch vorbehalten war. *Ein Komponist würde wohl Pergament benutzen,* dachte sie. *Es wird Zeit, dass ich diese Notizen in eine Form bringe, die ihrer Bedeutung gerecht wird.*

Sie begann, die Aufzeichnungen sauber zu übertragen, die zusammen ihre FISH!-Philosophie ergaben, angereichert mit ihren Erfahrungen seit dem letzten Eintrag. An einem der alten Blätter klebte ein Post-it mit den Worten „Natürliche Energie". *Warum habe ich das notiert?* Sie legte die Notiz für einen Moment beiseite.

Die FISH!-Philosophie

Die FISH!-Philosophie ist eine Lebenseinstellung – basierend auf alten Weisheiten –, die man auf dem Fischmarkt am Pike Place tagtäglich beobachten kann. Die zwölf Fischhändler, die auf den zirka 120 Quadratmetern arbeiten, bringen ihre Philosophie in allem, was sie tun und sagen, zum Ausdruck. Wie die Spitze eines Eisbergs vermittelt ihr Verhalten den Besuchern eine Ahnung von den tieferen Strukturen, die sich unter der Oberfläche verbergen.

Die Weisheit, auf die sich die Fischhändler stützen, haben sie nicht erfunden. Sie existiert seit Menschengedenken; sie wurde auf dem Fischmarkt nur neu entdeckt, als die Händler sich vornahmen, ihr Arbeitsleben zu etwas Besonderem zu machen. Sie erkannten, dass Spaß zu haben und zu spielen, anderen Freude zu bereiten, präsent zu sein und ihre Einstellungen frei zu wählen wichtige Voraussetzungen für ein angenehmes Arbeitsumfeld sind. Ihre Schlagwörter

„Spiele“, „Bereite anderen Freude“, „Sei präsent“ und „Wähle deine Einstellung“ wurden zu einer Art Kurzschrift für ihre Auslegung uralten Wissens.

Die vier Grundelemente der FISH!-Philosophie fügten sie auf die für den Fischmarkt geeignete Weise zusammen. Indem sich die Fischhändler fest vornahmen, weltberühmt zu sein, wurden sie es schließlich auch. Heute kommen die Leute von überall her angereist, um das Phänomen mit eigenen Augen zu bestaunen. Und die meisten nehmen nicht nur Fisch mit nach Hause, sondern auch Bilder, Geschichten und Erinnerungen, die ihnen nicht mehr aus dem Kopf gehen.

Lonnie hat mir geholfen, die FISH!-Philosophie für mich zu entdecken, und ich half meinen Leuten bei First Guarantee, sie kennen und schätzen zu lernen. Dann sahen die Kollegen aus anderen Abteilungen, was bei uns vor sich ging, und machten sich ebenfalls auf, die FISH!-Philosophie zu erobern. Schließlich hörte man in anderen Unternehmen von unserem Erfolg und kam zu dem Schluss, dass, was in einem Finanzunternehmen möglich ist, überall sonst auch funktionieren konnte. Und selbst wenn sie es nicht gleich umsetzten, so waren sie doch zumindest neugierig geworden.

Leider stellten sich manche Firmen vor, sie könnten die Ergebnisse der FISH!-Philosophie erzielen, ohne sich wirklich mit der Idee und dem Weg zur Umsetzung zu beschäftigen. Sie hatten von den großen Veränderungen bei First Guarantee erfahren und wollten dieselben Resultate für sich erreichen, und das sofort.

Mary Jane dachte: *Jetzt weiß ich, warum ich mir „natürliche Energie“ notiert habe.*

Viele der Unternehmen, die schnelle Resultate wollten, waren nicht bereit, wirkliche Veränderungen durchzusetzen. Ihr Beispiel hat mich zu dem Schluss gebracht, dass die FISH!-Philosophie nur mit *natürlicher Energie* funktionieren kann. Man kann seine Kollegen ermutigen, die FISH!-Philosophie zu entdecken und nach ihr zu leben, doch man kann sie weder dazu drängen noch es ihnen vorschreiben. FISH! ist letztlich ein Modell, das wir anderen vorleben, ihnen jedoch nicht aufnötigen können. „Natürliche Energie ist der Schlüssel zum Erfolg, will man alle Beteiligten für die Idee gewinnen!“

Die meisten von uns haben in ihrem Leben schon eine ganze Reihe von „Kursen“ absolviert. Deshalb reagieren wir oft ablehnend, wenn wir das Gefühl haben, jemand will uns Vorschriften machen oder uns manipulieren, statt uns zu unterstützen.

FISH! aber kann man niemandem *aufzwingen*. Man kann die Idee anderen bloß vorleben, sie ihnen beschreiben, mit ihnen diskutieren und ihnen nahe bringen. Das erfordert eventuell einiges an Geduld, aber die meisten Menschen wünschen sich ein besseres Leben und werden sich darauf einlassen, sobald sie erkennen, dass hier nichts Aufgesetztes oder Unechtes im Spiel ist. Authentizität ist das Stichwort, und den Weg dahin bewältigen wir allein mit *natürlicher Energie.*

Während Mary Jane ihre Notizen zum ersten Grundelement der FISH!-Philosophie, „Spiele“, in Reinschrift übertrug, fiel ihr Blick auf den Kalender mit den Einträgen in unterschiedlichen Farben. *Auch das ist ziemlich verspielt,* dachte sie.

Mary Jane hatte einen eigenen Farbcode für ihren Kalender entworfen, damit sie immer auf den ersten Blick erkannte, welche Vorhaben zu welchem Bereich ihres Lebens gehörten. Entsprechend stellte das Farbmuster eine Art Indikator für ihre „Lebensbalance“ dar. Alle arbeitsbezogenen Eintragungen waren grün, ihre Aktivitäten in der Gemeinde blau; Gelb bezog sich auf Unternehmungen mit Lonnie und den Kindern und schließlich Orange auf Dinge, die sie mit Freunden oder nur für sich tat. Nun blickte sie auf ein Meer grüner Einträge mit wenigen blauen Klecksen dazwischen.

Ist meine Zeit mit Lonnie, den Kindern, meinen Freunden und für mich allein meinem grünen und blauen Leben zum Opfer gefallen? In der Arbeit läuft alles bestens, doch der Rest meines Lebens scheint aus dem Gleichgewicht geraten zu sein. So hatte ich es mir nicht vorgestellt, als ich den Ring im Maul des Fisches sah. Ich liebe Lonnie, und ich finde es wunderbar, wie gut er sich mit den Kindern versteht. Aber wo ist der Spaß geblieben? Wann war ich zum letzten Mal im Fitnessstudio, mit Freunden aus oder habe ein gutes Buch gelesen?

Erst jetzt fiel ihr der kleine gelbe Eintrag für heute auf. *O mein Gott! Ich wollte doch rechtzeitig auf dem Fischmarkt sein, um mit Lonnie seinen letzten Tag zu feiern.*

Lonnies letzter Tag auf dem Fischmarkt

Mary Jane fuhr den Queen Anne Hill hinunter und parkte den Wagen, bevor sie die vier Blocks zum Pike Place ging. Schon in einiger Entfernung nahm sie die vertrauten Geräusche wahr.

„Ein Lachs fliegt nach Stockholm!“, rief Wolf und warf einen beachtlichen Copper-River-Lachs Richtung Kassentresen, wobei ihn das Paar neben ihm verzückt beobachtete. Seine Kunden waren den ganzen Weg von Schweden hierher zum weltberühmten Pike-Place-Fischmarkt gereist, und sie lachten, dass ihnen die Tränen kamen.

„Ein Lachs fliegt nach Stockholm!“, antworteten die anderen Fischhändler im Chor.

Hier wird es immer besser, dachte Mary Jane, als sie auf den Stand zukam. *Also, wo steckt mein Mann?*

„Klemmbrett im Anflug“, rief einer der anderen Verkäufer laut und warf den angekündigten Gegenstand Richtung Kasse, während seine Kollegen wieder das dazugehörige Echo lieferten – „Klemmbrett im Anflug“. Eine Gruppe von Kindern stand um einen Mönchsfisch herum, dessen Maul sich scheinbar wie von Geisterhand öffnete und wieder schloss. Die Kinder kreischten vor Vergnügen und strahlten den Fischhändler an, der den Fisch hochhielt. Er war groß, trug hüfthohe Anglerhosen und hörte auf den seltsamen Spitznamen „Insekt“.

„Hallo, Liebling. Wie findest du mein Festgewand?“, erklang Lonnies Stimme hinter Mary Jane.

Sie drehte sich um, und für einen Moment stand ihr der Mund offen vor Staunen. Lonnie hatte eine goldene Krone auf dem Kopf, die aus einem alten Haigebiss gefertigt war, und einen roten Umhang über den Schultern, an dem überall beschriftete Papierstreifen befestigt waren. Sie las einige der Aufschriften:

Das ist mein letzter Tag, also lasst uns feiern!

Spielt!

Macht mir eine Freude!

Der Mann kann den Markt verlassen,
aber der Markt wird den Mann nie verlassen!

Bin beim Fischen

Bitte nur eine Krabbe auf einmal

Habt Spaß!

Wollt ihr meinen Shrimp sehen?

Geht fischen!

Warum singt ihr dem Heilbutt kein Lied?

Es waren so viele beschriftete Papierstreifen an dem Umhang, dass Lonnie aussah wie ein wandelndes Kreuzworträtsel. Seine langen Anglerhosen waren ebenfalls beschrieben worden. Hier hatten sich seine Kollegen verewigt.

„Wie geht es dir, Schatz?"

„Tja, mir fällt der Abschied schwerer, als ich gedacht hätte", antwortete Lonnie. „Ich bin froh, dass hier so viel los ist und ich nicht zum Nachdenken komme."

„Du solltest daran denken, wie sehr du dich auf die neue Ausbildung freust. Und wir beide sind doch so froh, dass wir bald wieder mehr Zeit füreinander haben."

„Ja, das wird fantastisch, nicht wahr? Und wenn man sich vorstellt, dass ich demnächst Krankenpfleger sein werde ..."

Er beugte sich zu Mary Jane hinunter und gab ihr einen Kuss, woraufWolf sofort brüllte: „Hey, ihr zwei, keine Turtelei vor den Fischen!"

Mary Jane wurde rot, aber sie lächelte Wolf zu; er war eben immer zu Späßen aufgelegt.

„Ich muss wieder an die Arbeit, Liebling. Sieh dir bloß an, wie viele Leute heute vorbeigekommen sind. Hättest du das gedacht?"

„Sie sind alle hier, um sich von dir zu verabschieden, Lonnie. Deine Stammkunden haben offenbar alle den Artikel in der *Seattle Times* über deinen Weggang gelesen."

Der Artikel beschrieb den Fischmarkt als einen ehemaligen Geheimtipp, der zu einer international bekannten Touristenattraktion geworden war. An einem Samstagvormittag hatte ein Reporter der Zeitung Besucher aus dreiundzwanzig Nationen befragt, wie sie von dem Fischmarkt erfahren hatten und warum sie hergekommen waren. Die Antworten ließen keinen Zweifel daran, dass die 120 Quadratmeter Marktstand Menschen aus aller Welt wie ein Magnet anzogen. Für Leute von überall her auf der Welt schien der Fischstand auf der Liste der „Orte, die ich einmal besuchen möchte", zu stehen.

„Ich warte drüben an der gewohnten Stelle auf dich. Vielleicht gehe ich noch kurz ins Büro. Ich vermisse die Kinder, auch wenn es schön ist, ein bisschen Zeit für mich zu haben. Wer weiß, vielleicht schreibe ich noch ein wenig an meinen Aufzeichnungen."

„Schön, Liebling. Einige der Jungs gehen heute früher, um den Partysaal zu dekorieren, also habe ich keine Ahnung, wann ich hier wegkomme. Es kann noch Stunden dauern."

„Kein Problem. Ich freue mich darauf, in Ruhe einen Milchkaffee zu trinken und ein paar Notizen zu machen. Und du genieß deinen letzten Tag!"

„Okay. Bis später dann." Mit einem Kuss auf die Wange verabschiedete Lonnie sich von seiner Frau und eilte zu einer Großfamilie, die an einem der kleinen Stände wartete. Er plauderte und scherzte mit ihnen und verkaufte ihnen dazu noch Fisch im Wert von 243 Dollar, der erst zum Kassentresen und dann nach Oklahoma flog.

Mary Jane überquerte die Straße und ging in das kleine Café, in das Lonnie sie vor fünf Jahren ausgeführt hatte, als sie ihre Kinder zum ersten Mal mit auf den Markt brachte. Es war dasselbe Café, in dem er ihr ein gutes Jahr später einen Heiratsantrag machte. Hier hatte er ihr die vier Grundelemente der FISH!-Philosophie erklärt. Sie lächelte bei der Erinnerung daran, wie Brad, der damals erst sechs Jahre gewesen war, wochenlang von nichts anderem geredet hatte als von seinem Besuch auf dem Fischmarkt. *Was für ein Glück für Brad, dass er Lonnie hat. Der Junge brauchte dringend einen Vater, und Lonnie hat sich vom ersten Augenblick an prima mit ihm verstanden.*

Vielleicht hatte es schon bei ihren ersten Treffen Anzeichen dafür gegeben, dass zwischen Mary Jane und Lonnie einmal mehr sein würde, allerdings hatte sie sie nicht bemerkt, weil sie viel zu sehr mit ihren Problemen bei First Guarantee beschäftigt gewesen war.

Sie dachte an ihre beiden Kinder, die mittlerweile elf und sieben Jahre alt waren, und hoffte, dass sie die Zeit bei ihren Großeltern in Los Angeles genossen. Brad war vier und Sarah nicht einmal ein Jahr alt gewesen, als Ken, Mary Janes erster Mann, starb. Kens Eltern waren wundervolle Menschen und hatten stets einen engen Kontakt zu Mary Jane und den Kindern gepflegt.

Nun nippte sie an ihrem Kaffee und überlegte, was es für sie bedeutete, dass Lonnie heute zum letzten Mal auf dem Fischmarkt arbeitete. In den zwölf Jahren dort war er zu einer Institution geworden.

Lonnie hatte ohne Schulabschluss oder Ausbildung auf dem Markt angefangen und später, mit Hilfe von Jack, seinem Chef, und mit Unterstützung seiner Großmutter, die ihn aufgezogen hatte, seinen Schulabschluss nachgeholt. Dieses Erfolgserlebnis war für ihn der Ansporn gewesen, sich am Seattle Technical College einzuschreiben. Mit der persönlichen und finanziellen Förderung durch Jack hatte er die Jahre durchgestanden, in denen er die Woche über auf dem Markt arbeitete und an den Wochenenden sein Praktikum am County General Hospital absolvierte. Vor einem Jahr dann hatte er seinen Abschluss gemacht und das Angebot bekommen, an den Wochenenden fest im Krankenhaus zu arbeiten.

Heute ist der erste Samstag seit Monaten, an dem Lonnie nicht um halb sieben Uhr früh im County General sein musste. Stattdessen war er um sechs auf dem Fischmarkt, dachte Mary Jane mit einem grimmigen Lächeln. *Das wird sich ändern. Ich habe mich so darauf gefreut, dass endlich wieder etwas mehr Normalität in unser Leben einkehrt – so, wie es war, bevor Lonnie anfing, alle Wochenenden durchzuarbeiten. Die Entscheidungen, die wir fällten – zum Beispiel dass ich mich der ehrenamtlichen Arbeit in der Gemeinde widme –, schienen so logisch, und dabei lief es in der Realität darauf hinaus, dass wir keine Zeit mehr für uns hatten. Hoffentlich wird es von nun an besser.*

Sie lehnte sich in ihrem Stuhl zurück, und sogleich kam ihr ein anderer unangenehmer Gedanke. In letzter Zeit war sie gar nicht mehr dazu gekommen, etwas für ihre Fitness zu tun, und hatte viel zu oft anstelle richtiger Mahlzeiten Snacks und Fastfood gegessen. Das Ergebnis war deutlich sichtbar. *Fünfzehn Pfund innerhalb von sechs Monaten. Wie konnte ich das zulassen?* Mary Jane wusste, wie es dazu gekommen war: Mit jeder Wahl, die sie traf, und jeder neuen Herausforderung, der sie sich stellen musste, war die Zeit knapper geworden, die sie sich um ihre körperliche Fitness kümmern konnte. Hinzu kamen die einsamen Wochenenden mit den Kindern, an denen alles an ihr hängen geblieben war, weil Lonnie arbeitete. Sie war einfach zu erschöpft gewesen, um ins Fitnessstudio zu gehen, und sie hatte sich immer weniger Gedanken über ausgewogene Ernährung gemacht.

Ich muss mich dringend darum kümmern, dass ich abnehme und wieder Sport treibe, und ich muss verhindern, dass die Arbeit mein ganzes Leben dominiert.

Eine unerwartete Unterhaltung mit Wolf

„Erde an Mary Jane!“

Mary Jane blickte auf, und vor ihr stand der imposanteste aller Fischhändler: Wolf.

„Hallo, Wolf. Entschuldige, ich war in Gedanken. Setz dich doch zu mir.“

„Ist ein harter Tag für mich heute, Mary Jane. Ich weiß ja,

dass Lonnie das Richtige tut, und ich freue mich für ihn, aber ich werde den Burschen echt vermissen."

Mary Jane war überrascht. Wolf war normalerweise ein eher schroffer Mann, von dem zwar jeder wusste, dass er ein Herz aus Gold hatte, den man jedoch nie über Gefühle sprechen hörte. „Damit wären wir schon zwei. Ich fühle mich heute auch nicht direkt glücklich."

Wolf setzte sich, und in diesem Moment fiel Mary Jane etwas ein, das Lonnie ihr erzählt hatte. „Ach, Wolf, Lonnie erzählte, ihr habt euch um eine Adoption bemüht. Wie ist denn der aktuelle Stand?"

Ein Strahlen ging über Wolfs Gesicht. „Vor zwei Tagen war es so weit. Ich sage dir, Mary Jane, dass ist das Tollste, was meine Frau und ich je erlebt haben. Es ist ein Wunder."

„Na, dann gratuliere ich. Aber wieso Wunder? Ich meine, ich habe schon gelesen, dass es immer schwieriger wird, ein Kind zu adoptieren. War es bei euch auch so kompliziert?"

„Nein, das nicht. Das heißt, doch, aber wir haben Glück gehabt. Was ich meinte, war, dass meine Frau und ich es beinahe nicht geschafft hätten, unsere Ehe zu retten."

„Oh, tut mir Leid, Wolf. Ich wollte dir nicht zu nahe treten."

„Schon okay. Inzwischen haben wir die Beziehung wieder im Griff, und ich habe kein Problem damit, der Frau meines besten Freundes von unserem Happy End zu erzählen. Übrigens wollte ich Lonnie und dich fragen, ob ihr die Patenschaft für Justin übernehmen wollt."

Mary Jane war sprachlos. Bisher hatte sie Wolf als einen Mann kennen gelernt, der ungern viele Worte machte, und seine Frau hatte sie lediglich ein paar Mal auf irgendwelchen Partys gesehen. Roberta war eine Frau, die niemand leicht übersah, zumal sie Wolf um mindestens zwanzig Zentimeter überragte.

„Selbstverständlich freuen wir uns, Justins Paten zu werden, aber bist du sicher, dass ihr beide, Roberta und du, das wollt?"

„Klar, wir haben schon eine Menge darüber geredet, und wir finden, dass ihr beide großartige Vorbilder für Justin seid. Ihr verkörpert all die Werte, die wir wichtig finden." Er sah sie einen Moment fragend an. Scheinbar war ihm nicht entgangen, dass ein Anflug von Traurigkeit Mary Janes Gesicht überschattete. „Stimmt was nicht?"

„Ach, ich weiß nicht. Ich habe heute ein bisschen über mein Leben nachgedacht, besser gesagt, in Selbstmitleid geschwelgt. Wahrscheinlich ist das normal, wenn man inmitten eines ansonsten hektischen Lebens mal zur Ruhe kommt. Ich bin sicher, dass Lonnie und ich wunderbar zusammenpassen, doch was nützt uns das, wenn wir uns praktisch nie mehr sehen?"

„Na ja, ihr zwei steht ja auch ziemlich unter Strom, oder? Ich sehe ja, was Lonnie alles auf dem Zettel hat, und bei dir dürfte ebenfalls gut was los sein, da du jetzt berühmt bist und gerade befördert wurdest."

„Ich bin nicht berühmt."

„Lonnie sagte, du sollst einen Vortrag vor der Handelskammer halten."

„Ja, aber das ist nichts Besonderes."

„Für mich schon."

Mary Jane gefiel das Thema nicht, und außerdem wollte sie gern mehr über das hören, was Wolf vorhin erwähnt hatte. „Darf ich dich etwas Persönliches fragen, Wolf?"

„Nur zu."

„Wie habt ihr es geschafft, eure Beziehung zu retten?"

„Genauso wie du es geschafft hast, First Guarantee umzukrempeln."

„Aber First Guarantee ist ein Unternehmen. Wir reden hier von einer Ehe."

Wolf lächelte.

„Du hast die Ideen vom Markt auf dein Privatleben übertragen? Und die FISH!-Philosophie mit nach Hause genommen?"

Wieder lächelte er nur.

„Und es hat gewirkt?"

Zum dritten Mal musste sie sich mit einem Lächeln als Antwort begnügen.

„Kannst du mir erzählen, wie ihr das angestellt habt? Bitte!"

Wolf zuckte mit den Achseln und grinste.

„Bitte!" Doch ehe Wolf etwas sagen konnte, klingelte Mary Janes Handy.

„Entschuldige, ich muss rangehen. Vielleicht sind es die Kinder."

Wolf lächelte ihr noch einmal freundlich zu und eilte zurück auf den Markt.

Aus der Mitte herausgerissen

Mary Jane sah auf die Nummer auf dem Display und drückte den Hörerknopf. „Hallo, Mom."

Aber es war nicht ihre Mutter. „Hier spricht Officer Williams von der Polizei. Ich sitze mit Ihrer Mutter vor dem Sheraton Civic Center. Sie ist ziemlich verwirrt und sollte wohl besser nicht allein weiterfahren. Könnte jemand von der Familie herkommen und sie abholen?"

„Wie geht es ihr? Hatte sie einen Unfall?"

„Nein, sie ist wohlauf, aber sie fuhr auf der falschen Straßenseite. Deshalb habe ich sie gestoppt. Sie wusste Ihre Telefonnummer nicht mehr, deshalb rufe ich von ihrem Handy aus an, weil sie da eingespeichert war."

Vor ein paar Wochen erst hatte Sarah die Nummern ins Handy der Großmutter einprogrammiert, wofür Mary Jane ihr in diesem Moment unendlich dankbar war. „Ich bringe schnell meinen Wagen nach Hause, dann komme ich mit einem Taxi zu Ihnen. Kann ich meine Mutter sprechen?"

„Ja, Ma'am. Und ich würde Ihnen raten, Ihre Mutter nicht mehr allein fahren zu lassen."

„Mary Jane, bist du das?"

„Ja, Mom. Ich komme gleich und hol dich ab."

„Diese Straßen sind so furchtbar unübersichtlich. Ich wünschte, sie würden nicht dauernd alles umbauen."

„Darüber reden wir nachher, Mom. Ich bin gleich bei dir."

Mary Jane lief auf dem kürzesten Weg zu ihrem Wagen, ohne sich die Zeit zu nehmen, Lonnie Bescheid zu geben. Zwei Stunden später ging sie mit ihrer Mutter die Treppe zu deren Apartment hinauf, das etwas außerhalb von Seattle lag. Officer Williams war sehr freundlich und verständnisvoll gewesen, hatte allerdings keinen Zweifel daran gelassen, dass Mary Janes Mutter in Zukunft nicht mehr selbst fahren sollte. Nachdem sie die ganze Geschichte gehört hatte, musste Mary Jane ihm beipflichten.

Sie ging mit ihrer Mutter in die Wohnung. „Mom, ich muss jetzt zurück zum Markt. Ich nehme deinen Wagen, weil meiner zu Hause steht. Ich habe ihn weggebracht, als der Officer angerufen hatte, und bin mit einem Taxi zu dir gefahren. Außerdem sollten wir uns demnächst zusammensetzen und uns darüber unterhalten, wie es weitergehen soll, wenn du nicht mehr fahren darfst."

„Was soll ich denn ohne mein Auto anfangen? Hier draußen bin ich auf den Wagen angewiesen."

„Ich weiß, Mom, aber wir wollen doch nicht, dass dir etwas zustößt. Wir werden alles ein andermal besprechen, denn ich muss jetzt wirklich los. Und ich denke, für dich dürfte es Aufregung genug gewesen sein, also leg dich besser hin."

Ihre Mutter ließ sich in ihren Lieblingssessel fallen und sagte: „Wann bringst du mir den Wagen zurück?"

„Ich denke nicht, dass du in Zukunft selbst fahren solltest. Du hast gehört, was der Officer sagte. Wir werden uns eine Lösung überlegen, und bis dahin fahre ich dich überall hin, wohin du willst."

„Ich habe gar nichts falsch gemacht. Die haben die Straßen umgebaut, deshalb wusste ich nicht, wo ich fahren sollte. Wie komme ich denn jetzt zum Einkaufen, zur Kirche und zum Fotoclub? Was ist, wenn du mich brauchst und ich schnell zu dir fahren muss?"

„Glaub mir, Mom, wir werden uns etwas ausdenken, aber jetzt muss ich erst einmal zum Markt zurück. Weißt du, Lonnie hat heute nämlich seinen letzten Tag.“ Sie erzählte ihrer Mutter kurz, welche Pläne sie für heute hatten, um sie vom Autothema abzulenken.

„Das ist schön, Liebes. Ich denke, ich lege mich jetzt hin.“

„Tu das. Ich rufe dich nachher an, Mom.“

Zurück auf dem Markt

Mary Jane plagten Schuldgefühle, als sie zum Markt zurückfuhr. Sie hatte ihre Mutter im Stich lassen müssen, obwohl sie sie brauchte. *Warum ist nirgends ein Parkplatz zu finden? Wie soll es bloß am Montag werden? Da muss ich zur Vierteljahreskonferenz für strategische Planung. Die kann ich nicht absagen. Wo ist denn nur ein Parkplatz?*

Sie fuhr mehrmals kreuz und quer, bis sie endlich einen Parkplatz fand. Inzwischen war es reichlich spät, doch auf dem Markt herrschte immer noch reges Treiben. Da die Stühle um den Fischstand herum besetzt waren, ging Mary Jane wieder in das kleine Café. Von ihrem Tisch aus sah sie hinüber zum Markt. Lonnie war nirgends zu entdecken. *Hoffentlich macht er sich keine Sorgen. Herrje! Ich hatte ja mein Handy ausgestellt, als ich auf der Wache war, und bis jetzt vergessen, es wieder anzustellen.*

Sie schaltete es wieder ein. Laut Display hatte sie keine Anrufe versäumt. Sie war furchtbar aufgewühlt, und um sich zu beruhigen, holte sie ihr Tagebuch hervor und legte es auf den Tisch vor sich. Sie blätterte die Seiten mit ihren Lieblingsgedichten durch. Unter anderem war da ein Gedicht von David Whyte, das mit „Süßes Dunkel" überschrieben war:

Süßes Dunkel

von David Whyte

Wenn deine Augen müde sind,
wird es die Welt um dich herum ebenfalls.

Wenn du nicht mehr siehst,
kann die Welt dich nicht wieder finden.

Dann wird es Zeit, die Dunkelheit zu suchen,
in der die Nacht Augen hat;
zu erkennen, was ihr gehört.

Dort kannst du sicher sein,
dass du nicht jenseits der Liebe angekommen bist.

Das Dunkel wird heute Nacht dein Schoß sein.

Die Nacht wird dir einen Horizont zeigen,
der weitergeht, als du sehen kannst.

Eines musst du wissen:
Die Welt wurde geschaffen, damit du darin frei bist.

Gib alle anderen Welten auf,
außer der einen, in die du gehörst.

Manchmal braucht es das Dunkel
und die süße Beschränkung deiner Einsamkeit,
damit du begreifst:

alles und jedes,
das dich nicht lebendig hält,

ist zu klein für dich.

Ist mein Leben mir zu klein geworden? Habe ich es zu klein für mich gemacht? Ich glaube, dass das, was mit Lonnie und seiner Karriere geschieht, sehr positiv ist, doch warum bin ich dann nicht glücklicher und lebendiger?

Lonnies neues Leben

Lonnie war für ein Spezialprogramm des Staatlichen Krankenpflegecollege angenommen worden. Damit hatte er die Möglichkeit, innerhalb von drei Jahren seine Ausbildung abzuschließen, den nächsthöheren Abschluss zu machen und gleichzeitig stundenweise als Pflegekraft zu arbeiten. Das Programm war ins Leben gerufen worden, um mehr Interessenten für die Krankenpflege zu gewinnen. Die Personalknappheit in den Krankenhäusern war erdrückend. Mit dem Angebot wurde gezielt um Verheiratete geworben, die sich für Krankenpflege interessierten, es sich jedoch nicht leisten konnten, über einen längeren Zeitraum ohne festes Einkommen zu sein. Zum Programmangebot gehörte außerdem ein günstiges Darlehen vom Staat.

Wollte er diese Chance wahrnehmen, so blieb Lonnie gar nichts anderes übrig, als die Arbeit auf dem Fischmarkt aufzugeben. Mary Jane war stolz auf das, was er erreicht hatte, zugleich aber auch traurig, weil er den Ort verlassen würde, an dem er einen Teil seiner Jugend und einen Großteil seines Erwachsenenlebens verbracht hatte. Jack und die anderen waren quasi seine Familie gewesen, denn bis auf die Großmutter, die mittlerweile verstorben war, hatte Lonnie niemanden. *Jetzt sind wir seine Familie*, dachte Mary Jane.

Sie blickte wieder hinüber zum Fischstand, wo die ersten Händler mit dem abendlichen Saubermachen begonnen hatten und andere die Waren wegpackten. Aus Erfahrung wusste sie, dass sie noch ungefähr eine halbe Stunde Zeit für sich hatte – nicht genug, um noch hinauf ins Büro zu gehen.

Entspannt lehnte sie sich zurück und ließ ihren Gedanken freien Lauf. Die Schatten wurden länger, und der fröhliche Lärm vom Fischmarkt verebbte.

Was mache ich bloß mit Mom? Sie kann nicht mehr fahren, und sie will nicht zu uns ziehen, weil sie Angst hat, ihre Unabhängigkeit zu verlieren und uns zur Last zu fallen. Doch wie unabhängig kann sie ohne Auto überhaupt sein? Außerdem vergisst sie immer öfter, ihre Medikamente gegen den Bluthochdruck zu nehmen.

Und was wird mit Lonnie? Ist es realistisch zu hoffen, alles würde besser, wenn er aufhört, an den Wochenenden zu arbeiten? Was können wir tun, um wieder Spaß zusammen zu haben, so wie früher?

Ihr fiel das Gespräch mit Wolf wieder ein. Es kam ihr schon so weit weg vor, dabei war es gerade mal ein paar Stunden her. *Ich hatte immer gedacht, die FISH!-Philosophie bezieht sich ausschließlich auf die Arbeit. Andererseits gründet sie auf Weisheiten, die weder an einen Ort noch an eine Zeit gebunden sind.*

Sie blickte hinaus auf die Straße und sah Jack, den Besitzer des Fischmarktes, der mit Lonnie auf sie zukam.

„Hi, Mary Jane. Wir hatten einen tollen Tag, und der Abend wird bestimmt super. Übernächsten Samstag haben wir allerdings etwas noch Spannenderes vor. Du hast Lonnie doch nichts gesagt, oder?“

„Nein, er hat keine Ahnung“, antwortete sie lächelnd.

„Hey, wartet mal! Ich find’s nicht fair, wenn ihr hinter meinem Rücken irgendwelche Sachen plant“, beschwerte sich Lonnie.

„Mary Jane sagte, in zwei Wochen hättest du samstags Zeit, und da wollten wir eine kleine Party dir zu Ehren geben. Wir“, Jack kicherte, fing sich aber gleich wieder, „wir werden deine Schürze in den Ruhestand schicken.“

„Ihr werdet was?“

„Deine Schürze in Rente schicken, Lonnie. Wir haben einen Platz an der Wand hinter dem Kassentresen ausgesucht, wo sie in Zukunft hängen soll. Deine Schürze wird die erste an unserer Ruhmeswand für die weltberühmten Fischhändler vom Pike Place sein.“

Lonnie war so perplex, dass er nichts als ein „Von mir aus“ herausbrachte.

„Ach ja, Mary Jane, ich denke, Lonnie hat ein paar gute Neuigkeiten für dich – zumindest hoffe ich, sie gefallen dir. Tja, ich will dann mal nach Hause fahren und meine Frau abholen. Wir sehen uns nachher.“

Eine unerquickliche Autofahrt

Hand in Hand gingen Lonnie und Mary Jane den weiten Weg zum Parkplatz, sahen sich die Schaufenster unterwegs an und redeten über den Tag auf dem Markt. Lonnie war aufgekratzt und erzählte von den letzten Unterhaltungen mit seinen alten Kunden. Als sie schließlich beim Wagen ankamen, sah er ihn verwundert an und stieg wortlos ein. Schweigend fuhren sie die Fourth Avenue hinunter, Richtung Queen Anne Hill, da platzte Lonnie heraus: „In der Zeit, die wir bis zum Wagen gebraucht haben, wären wir auch zu Fuß zu Hause gewesen."

Mehr brauchte es nicht, um bei Mary Jane das Fass zum Überlaufen zu bringen. Sie brach in Tränen aus und schluchzte so heftig, dass sie rechts ranfahren musste. Lonnie saß stumm da und blickte sie ratlos an.

In den Jahren ihrer Ehe hatte Lonnie gelernt, dass man manche Dinge besser in Ruhe anging; aber heute hatten sie gerade noch genug Zeit sich umzuziehen, bevor sie zum Takara-Restaurant aufbrachen. Und nun hockte er hier, vier Querstraßen von zu Hause entfernt, und wartete darauf, dass Mary Jane aufhörte zu weinen.

„Ich weiß, dass irgendwas nicht in Ordnung ist, Mary Jane, und du weißt, wie wichtig es mir ist, immer für dich da zu sein, aber wir haben nur noch dreißig Minuten."

Mary Janes Tränen versiegten schlagartig. Sie sah ihn frostig an und sagte: „Du kannst allein hinfahren. In deinem Leben scheint es ohnehin keinen Platz mehr für mich zu geben. Ist dir eigentlich aufgefallen, dass wir im Wagen meiner Mutter sitzen? Denkst du überhaupt jemals an mich, wenn du von einem Termin zum nächsten hetzt?"

Sie klang entsetzlich wütend. Lonnie war wie vom Donner gerührt. Keiner sprach ein Wort, während Mary Jane wieder auf die Straße zurückfuhr.

„Es tut mir Leid", sagte Lonnie, als sie in ihre Einfahrt einbogen.

Mary Jane starrte geradeaus durch die Windschutzscheibe, dann drehte sie sich zu Lonnie um. „Ich weiß, dass ich auch ziemlich beschäftigt war, zu beschäftigt, um zu bemerken, wie unzufrieden ich mit unserem Leben bin. Aber heute ist dein großer Tag, und ich möchte ihn dir nicht verderben. Was mich bedrückt, hat mit diesem Tag nichts zu tun. Mir ist es nur jetzt erst klar geworden. Lass uns zu der Party gehen und versuchen, uns zu amüsieren."

„Du bedeutest mir alles, Mary Jane. Und Brad und Sarah sind für mich wie eigene Kinder, auch wenn ich weiß, dass ich ihnen niemals ihren richtigen Vater ersetzen kann. Lass uns wenigstens auf dem Weg zur Party reden. Ich möchte nämlich schon wissen, warum du den Wagen deiner Mutter fährst."

Sie gingen ins Haus und zogen sich um. Auf der Fahrt ins Restaurant berichtete Mary Jane ihrem Mann von den heutigen Ereignissen, sparte dabei allerdings ihre Figurprobleme und alles, was sie sonst noch bedrückte, aus. Sie beschränkte sich auf das Dilemma mit ihrer Mutter.

Auf der Party angekommen, ließen sie sich schon bald von der Festlaune anstecken und verdrängten alle Sorgen.

Brad und Sarah kehren heim

Lonnie und Mary Jane standen zusammen am Ankunftsterminal der Alaska Airlines, als die Passagiere von Los Angeles aus dem Flugzeug stiegen. Normalerweise genossen sie es beide, sich die bunte Mischung unterschiedlichster Gestalten anzusehen, die aus Los Angeles hergeflogen kamen, doch nach einer kurzen Nacht mit viel zu wenig Schlaf nahmen sie kaum etwas davon wahr. Da Brad und Sarah minderjährig waren und ohne Begleitung reisten, durften Lonnie und Mary Jane hinter die Sicherheitsabsperrung, um ihre Kinder direkt am Gate abzuholen. Sie hörten die zwei schon, ehe sie sie sahen.

„Und wir sind zweimal mit dem Space-Mountain gefahren, und ich habe meine Augen zugemacht und die Arme nach oben ausgestreckt. Das war klasse. Mom! Lonnie!"

Eine schmunzelnde Flugbegleiterin übergab die beiden Kinder den Eltern, ließ sich ein paar Formulare unterschreiben und verabschiedete sich.

Auf der Fahrt nach Hause erzählten die Kinder aufgedreht von ihrer Zeit in L.A., bis Brad, dem man noch nie etwas vormachen konnte, fragte: „Stimmt was nicht?“

Mary Jane beschloss, ihm möglichst wenig zu sagen. „Grandma war ein wenig in Schwierigkeiten.“

„Geht es ihr gut? Ich meine, ist sie gesund?“

„Ja, Brad, es geht ihr gut, und sie freut sich auf euch.“

„Warum fahren wir mit ihrem Wagen?“

„Nun, sie ist gestern von der Polizei gestoppt worden, weil sie in einer Einbahnstraße in die falsche Richtung fuhr. Ich hielt es für besser, wenn sie gar nicht mehr an ihren Wagen kommt. Genau genommen denke ich, sie sollte überhaupt nicht mehr selbst fahren.“

Brad grübelte einen Moment. „Aber sie hat doch dauernd so viel vor. Wie kommt sie jetzt dahin, wo sie hinwill?“

„Darüber müssen wir uns noch Gedanken machen. Es war ja erst gestern. Lonnie und ich wollten alles mit euch besprechen, denn ihr werdet ja auch davon betroffen sein, wenn wir uns mehr um Grandma kümmern müssen.“

„Du meinst, Sarah und ich dürfen Erwachsenenkram mitbesprechen? Wow.“

Mary Jane und Lonnie lächelten sich an. Und dann dachte Mary Jane daran, dass Brads Lehrerin sie letzte Woche angesprochen hatte. Sie hatte gesagt, Brad sei in der Schule in letzter Zeit sehr launisch. Darum musste Mary Jane sich ebenfalls kümmern. *Das kann ich jetzt nicht auch noch lösen.*

„Lonnie und ich brauchen nachher eine Auszeit für uns, während ihr zwei auspackt. Ihr wisst ja noch, was wir damit meinen, oder?"

„Ja, Mom."

„Aber vorher habe ich noch eine Überraschung für euch."

„Ich weiß schon", rief Sarah. „Wir fahren zu Grandma."

„Stimmt. Woher wusstest du das?"

„Das ist doch der Weg zu ihr."

Lonnie staunte. „Dein Orientierungssinn ist super, Sarah. Vielleicht sollten wir dich ans Steuer lassen."

Sarah kicherte noch, als sie vor dem Haus hielten, um die Großmutter zu einem gemeinsamen Brunch abzuholen.

Ein richtiges Gespräch

Lonnie und Mary Jane setzten sich an diesem Abend oben im Arbeitszimmer zusammen, während die Kinder unten ihre Koffer auspackten. Beim Brunch mit der immer verwirrter wirkenden Großmutter war sogar Brad und Sarah klar geworden, dass sie Hilfe brauchte.

Nun rückten Lonnie und Mary Jane ihre Stühle zusammen und sahen sich an.

„Ich fühle mich nicht wohl bei dem Gedanken, dass meine Mutter so viel allein ist. Sie ist inzwischen schrecklich vergesslich, und ich mache mir Sorgen, sie könnte ihre Medizin nicht nehmen. Ehrlich gesagt ist es mir vor gestern nie aufgefallen, wie verwirrt sie ist. Dir?"

„Nein, mir kam es auch noch nie so schlimm vor wie heute. Das ist wirklich beängstigend. Alte Menschen bekommen manchmal kleine Schlaganfälle, die sie selbst gar nicht registrieren. Ich habe solche Patienten gesehen, und sie wiesen ähnliche Symptome auf wie deine Mutter heute. Einige sind danach nur zeitweise verwirrt und erholen sich wieder vollständig. Auf jeden Fall aber sollte sie zu einem Arzt gehen."

„Keine Frage. Lonnie, du musst mir helfen, alles zu bedenken. Zunächst einmal meine ich, sie sollte nicht mehr selbst fahren. Sind wir uns da einig?"

„Ja. Sie hat vorhin zwar ein paar Mal gefragt, wann wir ihr den Wagen zurückbringen, doch ich denke nicht, dass wir sie fahren lassen dürfen."

„Und sie hat mehrmals betont, dass sie nicht zu uns ziehen will. Glaubst du, sie ändert ihre Meinung? Ein Umzug in ein Altersheim oder ein betreutes Altenwohnheim scheint mir eine weit problematischere Veränderung."

„Ich bin kein Experte, Mary Jane, aber häufig ist es älteren Menschen vor allem wichtig, niemandem zur Last zu fallen. Es muss also keineswegs heißen, dass sie nicht bei uns wohnen will. Vielleicht fürchtet sie einfach, sie würde in unser Leben eindringen."

„Und wie denkst du darüber, Lonnie? Kannst du dir vorstellen, meine Mutter ins Haus zu holen?"

„Es wäre eine große Veränderung, aber da deine Mutter in einem Zustand ist, indem sie sich ständig selbst gefährden könnte, ohne es zu wollen, wird sich sowieso vieles ändern. Wir werden uns zukünftig damit arrangieren müssen, vieles für sie zu planen und zu erledigen, ganz egal, wo sie wohnt. Und da es von hier zu ihrer Wohnung ein weiter Weg ist, wird es für uns umso schwieriger, wenn sie dort bleibt."

Lonnie sah Mary Jane nachdenklich an, bevor er weitersprach: „Ich habe mal etwas über eine Altenwohnanlage gelesen, in der Senioren alle möglichen Serviceleistungen in Anspruch nehmen können. Das Krankenhaus betreibt eine Gesellschaft, die sich Forest Glen nennt. Die Bilder sahen nett aus, es gab viel Grün drumherum, und soweit ich mich erinnere, befindet sich die Anlage in unserer Nähe."

„Na ja, es gibt auch Essen auf Rädern und ambulante Pflegedienste“, fügte Mary Jane hinzu. „Sie könnte einfach näher bei uns leben und sich auf diese Weise helfen lassen.“

„Und was möchtest du, Mary Jane?“

„Was ich will, ist ein bisschen viel verlangt von dir, zumal ich nicht weiß, ob Mom überhaupt damit einverstanden wäre.“

„Eines solltest du wissen: Meine Großmutter kam damals in ein Altersheim, und ich hatte schreckliche Schuldgefühle, weil ich sie nicht versorgen konnte. Ich musste ja den ganzen Tag arbeiten, da war mir die Verantwortung einfach zu groß. Früher war es in meiner Familie Tradition gewesen, dass die Kinder ihre Eltern bei sich aufnahmen, wenn sie zu alt wurden, um allein zurechtzukommen. Ich halte nach wie vor viel von dieser Tradition. Wenn du also deine Mutter bei uns aufnehmen möchtest, bin ich absolut einverstanden. Ich denke, es wäre das Richtige für sie und auch eine gute Erfahrung für die Kinder.“

„Ach, Lonnie“, Mary Jane schluckte ein paar Mal, aber sie brachte keinen Ton mehr heraus. Stattdessen stand sie auf und umarmte ihn. Nach einer Weile, als sie sich wieder gefasst hatte, sagte sie: „Ich danke dir für deine Unterstützung. Was meinst du, sollen wir jetzt die Kinder rufen?“

„Unbedingt!“

Der Familienrat tagt

Kurze Zeit, nachdem die Kinder dazugestoßen waren, überraschte Brad alle mit der Feststellung: „Ich glaube, wir müssen ihr sagen, dass wir sie wirklich bei uns haben wollen. Also: Wollen wir sie wirklich bei uns haben? Ich schon. Ich fänd's cool, wenn Grandma bei uns wohnen könnte."

„Brad, das ist wunderbar von dir."

Brad sah Mary Jane stolz an. „Danke, Mom. Ich liebe Grandma."

„Ich auch", stimmte Sarah ein. „Sie kann bei mir schlafen."

Alle lachten, und Mary Jane stiegen Tränen der Rührung in die Augen. „Ich nehme an, dass sie vielleicht lieber im Gästezimmer schläft, da hat sie es nicht so weit zum Bad. Aber dein Angebot wird sie bestimmt freuen, Sarah. Wir haben allemal genug Platz. Mom kann uns einige kleinere Arbeiten im Haushalt abnehmen. Eine große Herausforderung müssen wir allerdings noch meistern."

„Welche?"

„Wie Brad sagte: Wir müssen ihr klar machen, dass wir sie wirklich hier bei uns haben wollen. Sie darf nicht das Gefühl haben, sie könnte eine Last für uns sein. Natürlich hat sie das Recht, ihre eigenen Entscheidungen zu treffen, aber wir wollen nicht, dass sie aus den falschen Gründen ablehnt."

Lonnie fügte hinzu: „Und sollte sie sich entscheiden, zu uns zu ziehen, wird sich unser Leben grundlegend verändern. Die erste Zeit wird sie weiter der beste Babysitter aller Zeiten sein, doch irgendwann wird sie vielleicht verstärkt unsere Hilfe brauchen, so wie meine Großmutter, als sie sich die Hüfte brach."

Die Kinder fragten ihn nach seinem Leben, bevor er ihnen begegnet war, und er berichtete freimütig über seine Erfahrung. Außerdem erzählte er ihnen, dass es in vielen Kulturen gang und gäbe sei, dass alte Menschen von ihren Kindern aufgenommen würden. Brad dachte daraufhin laut darüber nach, wer von den beiden Kindern denn später einmal Lonnie und Mary Jane „kriegen" würde.

Mary Jane war angesichts des Familienbeschlusses erleichtert und besorgt zugleich. Die Entscheidung, ihre Mutter bei sich aufzunehmen, brachte eine Menge Neuerungen mit sich, deren Tragweite sich zu diesem Zeitpunkt nur erahnen ließ.

„Für uns wird es eine enorme Zusatzbelastung sein", überlegte sie. „Unser Leben ist so schon hektisch und unruhig, und wir kommen kaum noch …" Sie stoppte mitten im Satz, als ihr klar wurde, dass ihre Kinder dabeisaßen und der Moment vielleicht nicht wirklich günstig war, um ihre und Lonnies Probleme zu erörtern. Also atmete sie einmal tief durch und sagte: „Ich denke, sie wird unseren Vorschlag akzeptieren, wenn wir sie davon überzeugen können, dass wir es ernst meinen. Brad hat Recht. Sie muss das Gefühl haben, dass wir sie gern bei uns aufnehmen. Wie genau wir das anstellen, werden wir noch bereden müssen. Doch jetzt ist erst einmal Schlafenszeit für alle, die morgen in die Schule gehen."

Sobald die Kinder im Bett waren, sah Lonnie seine Frau an und sagte: „Was für ein Tag!"

„Das kann man wohl sagen. Das Wochenende hatte es wirklich in sich. Aber komischerweise fühle ich mich besser, seit wir gemeinsam beschlossen haben, meine Mutter zu uns zu nehmen, auch wenn es mir ein bisschen Angst macht. Gehst du ins Bett?"

„Ja. Du auch?"

„Gleich. Leg dich ruhig schon hin. Du musst morgen früher raus als ich. Ich will noch kurz telefonieren, dann komme ich nach."

Nur noch ein Anruf

Mary Jane ging wieder hinauf ins Arbeitszimmer, in dem sie dieses verrückte Wochenende damit begonnen hatte, ihre Notizen zu überarbeiten. Sie fand die gesuchte Telefonnummer auf Anhieb. Dann sah sie auf ihre Uhr. *Ob viertel vor zehn an einem Sonntagabend zu spät ist, um Janell anzurufen? Nein, sie hat zwei kleine Kinder und genießt die Abende mit ihrem Mann Jimmy.*

Janell Wong war als eine von Mary Janes Mitarbeiterinnen schon bald zu einer vertrauten Freundin geworden, da sie als Erste erkannte, welche Möglichkeiten die FISH!-Philosophie ihnen bot. Sehr schnell war sie Mary Janes verlässlichste Verbündete in der Umstrukturierung der Abteilung geworden. Janell war allgemein respektiert als Unterabteilungsleiterin und hatte immer schon exzellente Führungsqualitäten bewiesen, sodass bald andere Abteilungen begannen, sich um sie zu bemühen. Janell hatte sich anfangs geweigert, über eine neue Position nachzudenken, weil sie sich dem dritten Stock verpflichtet fühlte. Mary Jane allerdings hatte sie ermutigt, ihre Karriere voranzutreiben. Vor einem Jahr nun hatte man Janell das Angebot gemacht, die Leitung des Kundendienstzentrums zu übernehmen. Janell und Mary Jane hatten nach wie vor engen Kontakt und tauschten sich häufig über die Arbeit wie auch ihr Privatleben aus.

„Hallo, Jimmy. Ist Janell noch zu sprechen? Danke. Hallo, Janell. Schlafen die Kinder?"

„Tief und fest, Mary Jane. Ist alles in Ordnung? Du rufst sonst nie um diese Zeit an."

„Willst du eine ehrliche Antwort? Ja und nein. Können wir uns nächste Woche mal zum Lunch sehen? Ich würde gern deinen Rat in einer bestimmten Sache hören. Wolf und ich sind auf dem Markt verabredet, und es wäre schön, wenn du dich zu uns gesellen könntest."

„Wie in alten Zeiten, was? Sag mir, wann und wo, ich werde da sein."

„Ich rufe dich an, sobald ich einen konkreten Termin habe. Gibt es irgendwelche Tage, an denen du gar nicht kannst?"

„Bis auf Montag habe ich die ganze Woche Zeit."

„Danke, Janell. Ich weiß das zu schätzen."

„Kein Problem. Kannst du nicht jetzt schon eine Andeutung machen, worum es geht?"

„Na ja, du hast mir mal erzählt, einige der FISH!-Ideen hätten dir geholfen, eine bessere Mutter zu sein. Ich möchte, dass du diese Ideen dann parat hast, okay?"

„Wird gemacht. Das ist eine der leichtesten Aufgaben seit Monaten. Bis nächste Woche!"

„Bis dann."

Zurück zu Wolf

Mary Jane und Janell trafen sich am Mittwoch mit ihren Lunchpaketen auf dem Markt. Sie winkten Wolf kurz zu und gingen dann vor ins Café, wo sie für Wolf und sich etwas zu trinken bestellten.

Mit Mühe und Not ergatterten sie den letzten freien Tisch und drei Stühle, die sie von anderen Tischen heranholen mussten.

Mary Jane kannte das Spiel bereits, denn an sonnigen Tagen wie diesem war es hier mittags immer voll. Sie hatte sich gerade auf einen Stuhl ohne Armlehnen gesetzt, als ihr einfiel, dass sie ihn lieber dem über zweihundert Pfund schweren Wolf überlassen und sich in den anderen mit Armlehnen setzen sollte.

„Was wird das? Die Reise nach Jerusalem?“, fragte Janell.

„Nein, ich setze mich neuerdings immer auf Stühle ohne Armlehnen, damit ich mit meinen überflüssigen Pfunden nicht stecken bleibe.“

„Ist ja süß, wenn auch etwas übertrieben. Wir alle nehmen mal zu und dann wieder ab.“

„Du bist eine schamlose Lügnerin, Janell. Du hast in all den Jahren, die ich dich kenne, nicht ein Gramm zugelegt, außer in den Schwangerschaften.“

„Stimmt zwar nicht ganz, aber ich denke, ich weiß, warum ich schlank bleibe. Ich esse viel mit FISH!"

„Du isst viel Fisch?"

„Nein, ich esse viel mit FISH!"

Mary Jane begriff immer noch nicht. „Das musst du mir später genauer erklären. Da kommt Wolf."

„Wie geht's den beiden Schönheiten heute? Janell, richtig?"

„Gutes Gedächtnis, Wolf."

„Wie ich schon am Telefon sagte, Wolf, Janell hat vielleicht etwas zu dem zu sagen, worüber wir sprechen wollten. Zumindest flüstert mir das meine weibliche Intuition."

„Schön, ich finde alles gut, was weiblich ist. In diesem Moment zermartern sich die Jungs drüben am Stand ihre Spatzenhirne, was ich mit euch beiden Hübschen hier anstelle. Natürlich kennen sie dich, Mary Jane, aber Janell dürfte ihrer Fantasie Flügel verleihen. Sag mir doch noch mal kurz, was du auf dem Herzen hast."

„Erinnerst du dich an unsere Unterhaltung am Samstag, als ich dich fragte, ob du die FISH!-Philosophie mit nach Hause genommen hast? Du hast, oder?"

Wolf lächelte.

„Komm schon, Wolf. Ich dachte, du wolltest mir helfen."

„Tja, weißt du, ich bin nicht der Typ, der gern über Privates redet, aber du hast mich dazu gebracht, dir Sachen zu erzählen, die ich normalerweise für mich behalte. Na klar will ich dir helfen, wenn ich kann. Dafür musst du mir allerdings erst mal verraten, was dich bedrückt."

„Okay. Also, ich habe einen Sohn, der in der Schule verrückt spielt und sich zu Hause oft unausstehlich aufführt. Ich habe einen wundervollen Ehemann, den ich kaum zu sehen bekomme, weil wir völlig unterschiedliche Arbeitszeiten haben. Meine Mutter hat Probleme und wird wahrscheinlich zu uns ziehen. Und ich habe in den letzten drei Jahren reichlich Fett angesetzt, ohne es zu wollen. Kurz: Mein Privatleben nervt mich ganz gewaltig – auch wenn es nach außen so wirkt, als hätte ich alles, was ich mir wünsche." Janell streckte die Hand aus und legte sie auf die von Mary Jane.

„Wäre das alles, Mary Jane?", fragte Wolf lächelnd.

„Nein! Wo wir schon mal dabei sind, sollte ich auch noch erwähnen, dass ich in letzter Zeit immer häufiger ärgerlich werde, wenn mir etwas nicht schnell genug geht. Zu Hause bin ich mürrisch und unausgeglichen. Und komme ich einmal tatsächlich dazu, einen Moment nachzudenken – was selten genug der Fall ist –, dann stelle ich fest, dass mir mein Leben keinen Spaß macht. Ich bin sogar schon so weit, dass ich meiner Mutter Dinge vorwerfe, für die sie gar nichts kann."

„Okay. Das war's jetzt?"

„Ja! Reicht das etwa nicht?“

„Ich habe Zeit, falls dir noch was einfällt“, erwiderte Wolf grinsend.

„Was soll dieses Grinsen? Ich meine es ernst, Wolf. Ich hasse mich.“

„Nun mal ganz sachte. Ich werde dir sagen, warum ich grinse. Ich grinse, weil du hier bist – die Frau, die eine Abteilung, die alle als ‚Giftmülldeponie‘ bezeichneten, in ein produktives und angenehmes Arbeitsumfeld verwandelt hat, indem sie für sich einige der Grundsätze entdeckte, nach denen wir auf dem Markt leben. Und trotzdem hast du es darüber versäumt, sie auch auf dein eigenes Leben anzuwenden. Du hast alles, was du brauchst, Mary Jane. Du weißt alles, was du wissen musst. Die FISH!-Philosophie ist nicht einfach eine Arbeitsweise, auch wenn du und ich sie erfolgreich in unserer Arbeit einsetzen. Sie ist eine Lebensphilosophie, und ob wir nun von Arbeitsleben oder Privatleben reden, Leben ist beides, Mary Jane. In allen Lebensbereichen können wir Spaß, eine selbstlose Einstellung, Präsenz und die sorgsame Wahl unserer Einstellungen vertragen.

Aber ich habe aus noch einem Grund gelächelt. Ich habe selbst eine Weile gebraucht, bis ich FISH! als einen wesentlichen Teil meines Lebens erkannt habe, und ich glaube, meine Ehe war nur zu retten, weil ich schließlich die Philosophie mit nach Hause gebracht habe. Deshalb mein Lächeln oder Grinsen, wie du es nanntest. Und? Was sagst du dazu, Janell?“

„Kannst du uns das etwas genauer erklären, Wolf? Ich meine, das mit deiner Ehe.“

Wolf holte tief Luft und starrte für einen Augenblick nachdenklich in die Ferne. „So was fällt mir immer schwer, aber okay, ich versuch's. Die Scheidungsformulare lagen bereits auf dem Tisch, als ich mich fragte, ob ich auch wirklich alles versucht hatte. Und da kam ich zu dem Schluss, dass meine sämtlichen Eherettungsversuche immer irgendwie auch meine Frau einbezogen hatten und nach hinten losgegangen waren. Also überlegte ich, was ich selbst tun konnte. Meine Frau ist mir wichtiger als alle meine Kunden auf dem Markt. Ich wollte die Scheidung nicht. Tja, und da fing ich an, sie auch so zu behandeln, als wäre sie mir wichtiger als die Kunden. Ich nahm ihr öfter mal etwas von ihrer Arbeit ab, bemühte mich, freundlicher zu sein, wenn wir zusammen waren, und hörte ihr richtig zu. Ich sah mir selbst dabei zu, wie ich mich zu Hause verhielt. Nach zwei Wochen begann sie, mich mit einem anderen Blick anzusehen. Und dann sagte sie, irgendwas wäre anders, bloß wüsste sie nicht, was. Kurz darauf fing sie ebenfalls an, ihr Verhalten zu ändern. Eines Morgens fand ich ein kleines Herz mit einer kurzen

Notiz drauf im Bad, und seitdem sind die Dinge zwischen uns besser und besser geworden."

Mary Jane saß mit offenem Mund da. Sie kam aus dem Staunen gar nicht mehr heraus. Dann sagte sie: „Es tut mir so Leid, Wolf. Ich hatte ja keine Ahnung, dass ihr Probleme hattet, bis du neulich davon erzähltest. Danke."

„Das macht vieles einfacher für mich, Wolf. Danke", fiel Janell ein.

Wolf nickte, und Janell fuhr fort: „Ich habe zwei Kinder mit Lernproblemen. Irgendwann erwischte ich mich immer öfter dabei, wie mir abends vor dem Heimfahren grauste. Ich liebe meine Kinder, doch je angestrengter ich versuchte, ihnen zu helfen, umso schwieriger wurden sie. Eines Tages dachte ich: Ich habe ja sowieso nichts mehr zu verlieren, und so nahm ich die FISH!-Philosophie mit nach Hause. Durch sie konnte ich meine Beziehung zu den Kindern vollkommen verändern. Sie werden auch in Zukunft ihre ganz eigenen Probleme habe, aber wir haben gemeinsam einen Weg entdeckt, wie wir unser Zusammensein netter und harmonischer für alle gestalten können. Meine Nachbarn halten mich gewiss für verrückt, wenn sie uns sehen, wie wir mit dem Staubsauger tanzen. Wir singen beim Abwaschen, und wir haben bestimmt ein Dutzend Methoden erfunden, wie wir die Hausaufgaben angenehmer gestalten.

Ich habe mir einen skandinavischen Akzent zugelegt, den ich immer dann benutze, wenn ich ihnen etwas sagen muss, das sie sich früher einfach gar nicht anhörten. Und das Beste ist, dass wir inzwischen zusammen essen gehen können. Dann spielen wir, wer es als Erster schafft, der Bedienung ein Lächeln zu entlocken.

Wenn wir miteinander reden, setze ich mich zu ihnen, statt wie vorher etwas anderes nebenbei zu machen. Wir überraschen uns jetzt gern mit Kleinigkeiten, mit Geschenken oder Gesten, und wir bedanken uns, wenn wir uns gegenseitig eine Freude gemacht haben.

Außerdem habe ich ein Stickeralbum mit allen möglichen Gesichtern gefunden – fröhlichen, traurigen, wütenden, überraschten und hundert anderen. Wisst ihr, was ich meine?“

Mary Jane und Wolf nickten, und Janell erzählte weiter: „Ich rufe eine Pause aus, in der wir alle über unsere momentane Einstellung nachdenken und die passenden Gesichter dazu in unsere Kalender kleben. Dann reden wir darüber, für welche Einstellung wir uns weshalb entschieden haben und welche neue wir gern ausprobieren würden. Auf jeden Fall sind wir uns nun besser bewusst, in welcher Einstellung wir gerade an die Dinge herangehen, und ich bin zuversichtlich, dass wir anstelle der Sticker bald Wörter benutzen können.“

Während Janell sprach, hatte Mary Jane eifrig mitgeschrieben. Nun blickte sie von ihrem Block auf und sagte: „Vielen Dank. Das war schon toll, Janell, aber ich bräuchte noch ein paar konkrete Beispiele. Erklär mir, wie man es anpackt."

Wolf und Janell lächelten nur.

„Nein, ehrlich. Ich brauche etwas ganz Konkretes, das ich mit nach Hause nehmen kann. Und ihr zwei scheint über einen enormen Ideenvorrat zu verfügen."

Wieder bekam sie nur ein Lächeln – besser gesagt: zwei.

„Was?"

Janell eilte ihr zu Hilfe: „Mary Jane, ich werde nie den Tag vergessen, an dem du vom Markt zurückgekommen und beinahe vor Energie geplatzt bist. Du wolltest umgehend so vieles verändern, doch was hast du stattdessen getan?"

„Na ja, ich hatte Angst, dass ihr, wenn ich zu forsch an die Sache herangehe, es nur für ein weiteres Programm oder so was halten und euch gleich taub stellen würdet. Also habe ich versucht, einen Weg zu finden, wie ich euch helfen kann, dieselbe Entdeckung zu machen wie ich. Ich wusste, dass die Energie von selbst kommen muss, auf natürliche Weise, und Druck von meiner Seite höchstens kurzfristig etwas ändern könnte."

„Und was erwartest du jetzt gerade von uns?"

„Verstehe. Ihr beide versucht, mir auf schonende Weise zu sagen, was ich eigentlich längst begriffen haben sollte. Ich kann mir eure Ideen nicht ausleihen und sie auf mein Leben anwenden, sondern muss mit meiner Familie gemeinsam unseren eigenen Weg finden."

„Sei nicht zu hart mit dir. Wenn man gestresst ist oder unter Druck steht, sieht man das Offensichtliche meist nicht. Aber du weißt ja: Wenn du erst mal die richtige Richtung erkannt hast, kommt die Kraft von ganz allein."

„Okay. Trotzdem fände ich es hilfreich und erhellend, noch ein paar Geschichten von euch zu hören."

Wolf und Janell sahen sich an und nickten. Dann verbrachten die drei den Rest ihrer gemeinsamen Mittagspause damit, weitere Geschichten auszutauschen. Dazu machte Mary Jane sich jedoch keine Notizen mehr, sondern ließ sich einfach von ihnen inspirieren, ihren eigenen Weg zu suchen.

Zum Abschied bedankte Mary Jane sich bei ihren Freunden und sagte: „Tja, dann hängt jetzt alles an mir – äh, ich meine: an uns."

Wieder lächelten Janell und Wolf nur, Mary Jane aber lachte.

Zu guter Letzt brachte Wolf sie noch auf einen Gedanken, der so offensichtlich war, dass man ihn leicht übersehen konnte: „Und vergiss nicht, dass du einen weltberühmten Experten bei dir zu Hause hast.“

„Nein, das vergesse ich nicht. Wie heißt es doch so schön? Der Prophet gilt nichts im eigenen Land. Wir mögen uns bestens auskennen, wie FISH! bei der Arbeit funktioniert, aber was das gemeinsame Leben zu Hause betrifft, sind wir beide noch richtige Grünschnäbel.“

Die FISH!-Ruhmeswand-Zeremonie

Mary Jane hatte den Markt nie zuvor so voller Leben gesehen. Man konnte sich kaum rühren, und dennoch gelang es den Fischhändlern, bei all dem Trubel Fische zu verkaufen und ihr Publikum zu begeistern. Wolf und JD gaben ziemlich an. Als Wolf eine Bestellung für zwei Fische bekam, warf er sie gleichzeitig JD zu, der beide fing. Die Menge schrie vor Entzücken. Schließlich wusste niemand, wie lange die beiden an dieser Nummer geübt hatten – mit zwei glitschigen Gummifischen. Doch die Mühe lohnte sich, denn die Leute würden den Auftritt der beiden so schnell nicht vergessen.

Ein rotgesichtiger Angestellter der Marktverwaltung versuchte verzweifelt, wenigstens einen der Gänge passierbar zu machen, wobei er beinahe jeden Besucher barsch anfuhr, der ihm vor die Nase kam. *Mein Gott, der ist hier wirklich fehl am*

Platz, dachte Mary Jane. *Er sollte sich besser wieder in sein Büro verziehen, bevor er allen den Spaß verdirbt.*

Jack griff sich das Mikrofon neben der Kasse. Lonnie stand direkt neben ihm. Dann drehte Jack den Lautsprecher auf, und das laute Kreischen der Rückkopplung sorgte dafür, dass sich aller Augen auf die beiden Männer richteten. Nachdem er die Lautstärke reguliert hatte, fing Jack an: „Leute, für den Pike-Place-Fischmarkt ist heute ein ganz besonderer Tag – ein trauriger Tag, weil einer unserer besten Männer uns verlässt, und ein fröhlicher Tag, denn er wird seine Ausbildung abschließen und endlich Karriere in der Krankenpflege machen. Dreizehn Jahre lang hat Lonnie bei uns als einer der führenden Fischverkäufer gearbeitet, und wir werden ihn furchtbar vermissen. Er gehörte zu unseren Heißspornen und war einer der Ersten, die meinten: ‚Warum nicht weltberühmt werden?' Wir verdanken ihm unendlich viel.

Heute werden wir erstmals auf dem weltberühmten Pike-Place-Fischmarkt eine Schürze in den Ruhestand entlassen, und das haben wir zum Anlass genommen, unsere FISH!-Ruhmeswand zu eröffnen. Eigentlich wollten wir eine Ruhmeshalle aus den Angeln heben, wie sie großen Stars gebührt, aber dafür hat der Platz nicht gereicht. Na ja, und für eine ganze Wand reichte er auch nicht, also haben wir uns fürs Erste mit dem Wandstück da drüben begnügt."

Das Publikum lachte, wurde dann aber feierlich still, als Jack Lonnie seine Schürze abnahm, auf einen Hocker stieg und sie an dem Wandbalken hinter der Kasse festnagelte. Sobald der letzte Hammerschlag ausgeführt war, erscholl tosender Applaus. Jemand rief: „Eine Rede! Eine Rede!", und bald darauf forderten die Umstehenden im Chor: „Rede! Rede!"

Lonnie bat mit erhobenen Händen um Stille und nahm das Mikrofon. „Ich danke dir, Jack. Vor dreizehn Jahren hast du einem wilden jungen Burschen eine Chance geboten, indem du ihm einen Job, ein Vorbild und einen Ort gegeben hast, an dem er sich zu Hause fühlen konnte. Dieser Bursche war auf dem besten Weg in die falsche Richtung und hatte sich schon Ärger mit dem Gesetz eingehandelt. Die Pflegemutter, die sich mit ihm abmühte, hatte zu viele eigene Sorgen, um sich richtig um ihn kümmern zu können, aber du hast nicht lange gefackelt und ihn unter deine Fittiche genommen, ihm das Arbeiten beigebracht und ihm klar gemacht, wie wichtig eine gute Ausbildung ist. Jack, manchmal denke ich, dir verdanke ich mein Leben."

Seine Stimme begann zu zittern, und Tränen kullerten ihm über die Wangen. Er unterbrach für einen Moment, bis er sich wieder einigermaßen gefasst hatte. Dann fuhr er fort: „In der Zeit, die ich hier verbrachte, habe ich miterlebt, wie du auch vielen anderen jungen Leuten diese Chance gabst. Ich und all die anderen Jungs, denen du auf den richtigen Weg geholfen hast, sind dir für immer dankbar."

Mary Jane war zutiefst gerührt, als sie ihren Mann und Jack ansah. Sogar Jack hatte ein Taschentuch gezückt, tat allerdings so, als würde er sich die Nase putzen und nicht etwa Tränen trocknen.

Lonnie machte wieder eine Pause. Auch die übrigen Fischverkäufer waren gerührt von seinen Worten; einigen von ihnen sah man an, dass sie zu den besagten Jungen zählen mussten, die Lonnie gemeint hatte.

„Tja, und diese Jungs hier – was soll ich sagen, das ist ein richtiger Chaotenhaufen!" Er wartete, bis sich das Lachen wieder gelegt hatte. „Gut, das sind sie zwar auch, aber vor allem sind sie großartig. Sie sind meine engsten Freunde. Wir waren immer füreinander da, ob bei der Arbeit oder in unserem Privatleben. Gemeinsam haben wir einen weltberühmten Fischmarkt geschaffen, an dem sich viele andere ein Beispiel nehmen. Danke, Jack, danke, Jungs, danke, Mary Jane, und danke allen, die mir über die Jahre treue Kunden geblieben sind."

Er reckte eine Faust in die Luft und rief: „Kauft weiter Fisch!"

Es dauerte eine ganze Weile, bis der Applaus verebbte,

dann ergriff Jack, der stets der perfekte Showmaster war, erneut das Mikrofon und verkündete: „Eine Stunde lang wird Lonnie nun jeden bestellten Fisch zugeworfen bekommen. Sie dürfen selbst entscheiden, ob er von einem Verkäufer oder von Ihnen geworfen wird. Wenn Lonnie ihn nicht fängt, bekommen Sie ihn umsonst! Später wird Lonnie Ihnen dann Ihre Pike-Place-Shirts und -Kappen signieren."

Was nun losbrach, kam einem regelrechten Aufruhr gleich. Die Leute rissen sich darum, Fische werfen zu dürfen, und nach Ablauf der Stunde hatte der Stand einen sagenhaften Umsatz gemacht. Sie hatten keinen einzigen Fisch verschenken müssen, denn schließlich war Lonnie ein absoluter Profi im Fischefangen. Nun zog sich die Schlange derjenigen, die sich ihre T-Shirts und Kappen signieren lassen wollten, bis in die First Avenue.

Mary Jane beschloss, die Zeit zu nutzen, um sich auf den zweiten Familienrat vorzubereiten, den sie für Sonntagabend angesetzt hatten. Mit ihrem Tagebuch in der Tasche machte sie sich auf zu einem Coffeeshop eine Querstraße weiter.

Ein zufälliges Treffen mit Janell

Auf ihrem Weg durch die Menge bemerkte Mary Jane, dass ihr jemand folgte. Sie drehte sich um und entdeckte Janell, die ihre liebe Mühe hatte, sich zu ihr durchzukämpfen. Erst kurz vor dem Café hatte sie sie eingeholt.

Mary Jane trat ein Stück zur Seite, weil eine Touristengruppe ein Foto von dem Coffeeshop machen wollte. Dann umarmte sie Janell zur Begrüßung. „Ich habe dich vorhin gar nicht gesehen, Janell."

„Als könntest du überhaupt noch klar sehen vor lauter Rührung! Das war ganz schön ergreifend, nicht wahr?"

„Und ob. Trotzdem denke ich, dass Lonnie bereit ist für eine Veränderung. Und ich werde es genießen, mich zukünftig von einem Mann streicheln zu lassen, dessen Hände nicht aufgerissen sind vom vielen Fischefangen. Aber sag, wie kommst du her? Ist das Zufall?"

„Ich dachte, du könntest vielleicht ein wenig Gesellschaft gebrauchen, jemanden zum laut Nachdenken und ein bisschen Dampfablassen. Weißt du, nach unserem Gespräch gestern wurde mir mal wieder klar, wie viel du für mich getan hast und wie dankbar ich dir dafür bin. Du hast in mir etwas gesehen, das ich selbst gar nicht wahrgenommen hatte, und seitdem ist mein Leben so viel schöner geworden. Also möchte ich jetzt auch für dich da sein. Ich wette, du hast dein Tagebuch dabei und willst im Café ein bisschen schreiben. Wenn du allein sein möchtest, musst du es nur sagen."

„Du bist ein richtiger Schatz, und du kennst mich so gut.

Komm, lass uns sehen, ob wir noch zwei freie Stühle finden. Mein Tagebuch kann warten."

Da kein einziger Sitzplatz zu bekommen war, nahmen sie sich ihre Milchkaffees mit und setzten sich auf eine Bank im gegenüberliegenden Park. Dort war es überraschend leer, die Sonne schien, und sie hatten einen wunderschönen Blick übers Wasser.

„Möchtest du vielleicht über etwas reden, das du in Gegenwart von Lonnies bestem Freund nicht sagen wolltest?"

„Das hast du also gemerkt. Ja. Ich denke, es wird mir gut tun, einiges von dem loszuwerden, was mir im Kopf herumgeht. In letzter Zeit habe ich häufig das Gefühl, Lonnie und ich bilden nur noch eine Wohngemeinschaft. Wir haben geheiratet, weil wir unheimlich gern zusammen waren, und jetzt sehen wir uns kaum noch. Janell, ich will ein bisschen mehr Freude in meinem Leben. Ist das egoistisch?"

„Meinst du nicht, dass alle Jungvermählten diese Anpassungsphase durchmachen? Arbeit, Kinder, Kirche, Freizeitinteressen, hilfebedürftige Eltern, Sport und Weiterbildung – ich würde sagen, da kommt einiges zusammen, was einen auf Trab hält und was man irgendwie so koordinieren muss, dass noch Zeit für Zweisamkeit bleibt."

„Schon, aber ich betrachte uns nicht mehr wirklich als

Jungvermählte. Okay, wir sind noch nicht lange verheiratet, aber wir sind schließlich auch nicht blutjung. Ach, und ich wünschte, du hättest den Sport nicht erwähnt. Seit Monaten schon vernachlässige ich meine Fitness, und seitdem sind auch einige andere Dinge auf der Strecke geblieben, unter anderem meine Taille."

Janell kicherte. „Ja, das sagtest du neulich schon."

„Na hör mal, du hast gut lachen. Du hast eine Figur wie ein Fotomodell. Isst du eigentlich gar nichts außer Karotten?"

„Wie ich schon sagte, ich will dir gern verraten, was sich machen lässt, damit die Waage nicht dauernd in die falsche Richtung ausschlägt. Doch erst mal möchte ich sicher sein, dass ich verstehe, was dich wirklich unglücklich macht. Du bist sehr beschäftigt, so viel ist klar, andererseits passieren in deinem Leben einige großartige Dinge."

„Lass es mich so erklären. Als ich Ken ganz plötzlich verlor, auf einmal allein mit zwei kleinen Kindern dastand und dann auch noch mit all den Schwierigkeiten bei der First Guarantee zu kämpfen hatte, wurde mir bewusst, dass sich die Dinge von einer Minute zur anderen vollkommen verändern können. Ich nahm mir vor, mein Leben zu genießen, so gut es ging, weil mir durch Kens Tod klar wurde, was für ein kostbares Geschenk es ist. Diese Erkenntnis ist wohl sein

Vermächtnis an mich. Aber seitdem geschieht alles in einer solchen Geschwindigkeit, dass ich meinen Vorsatz darüber aus den Augen verliere. Genau genommen weiß ich gar nicht mehr, was es bedeutet, das Leben zu genießen. Heißt es, zig Dinge auf einmal zu tun oder für die wirklich wichtigen Sachen ganz da zu sein?

Manchmal scheint mir, zu Hause würde ich die meisten Dinge blind hinter mich bringen. Und es kommt mir vor, als hätten Lonnie und ich uns stillschweigend auf den Weg des geringsten Widerstandes geeinigt, ohne jemals zu fragen, was wir wirklich wollen. Ich weiß nicht, was ich tun soll. Was wir beide auf unserer Liste haben, ist irgendwie alles wichtig; nichts davon könnten wir einfach streichen, um uns mehr Freiräume zu schaffen."

„Hast du schon mal mit Lonnie darüber geredet?"

„Na ja, am Abend seines letzten Tages auf dem Markt ist mir ein bisschen der Kragen geplatzt. Hinterher habe ich mich dann ganz mies gefühlt. Wir haben uns vorgenommen, über alles zu reden, doch dazu sind wir bis heute nicht gekommen. Wir haben einfach nie genug Zeit."

„Wenn alles zu viel wird, hilft es mir oft, wenn ich mir eine einzelne Sache aussuche und mich eine Weile ganz allein darauf konzentriere. Gibt es denn etwas, das bei dir im Moment besonders drängt?"

„Mom. Wie soll ich ihre Unabhängigkeit respektieren und zugleich mit der Tatsache umgehen, dass sie nicht mehr selbst fahren darf und öfters vergisst, ihre Medikamente zu nehmen?"

„Hast du eine Idee, was du tun könntest?"

„Am liebsten wäre mir, sie würde zu uns ziehen. Ich möchte sie gern zu uns nehmen, aber ich weiß nicht, wie ich sie davon überzeugen soll, dass sie wirklich erwünscht ist und wir nicht vorhaben, ihr Recht auf ein eigenes Leben einzuschränken. Wir hatten schon einen Familienrat zu dem Thema und haben den zweiten bereits angesetzt. Aber ich könnte gut ein oder zwei Vorschläge gebrauchen, wie wir uns verhalten sollen."

„Ich denke, da haben wir ein Problem, das sich bestens mit der FISH!-Philosophie angehen lässt."

Mary Jane lächelte ihre Freundin an. „Du bist die beste Freundin, die man sich wünschen kann. Es war mal wieder so offensichtlich, dass ich es prompt übersehen habe. Genau das werden wir machen. Wir werden die FISH!-Philosophie anwenden. So können sich auch die Kinder an allen Entscheidungen beteiligen."

„Tja, das hört sich doch gut an, Mary Jane. Und jetzt überlasse ich dich deinem Tagebuch, ich habe nämlich auch noch ein paar Kleinigkeiten zu erledigen."

„Vielen Dank, dass du da warst und mir geholfen hast. Ach, und grüß Jimmy von mir. Bis bald."

Tagebucheinträge

Mary Jane ging über die Straße, um sich noch einen Kaffee zu holen, doch als sie zur Parkbank zurückkehrte, war sie schon wieder besetzt. Also nahm sie auf dem Rand des benachbarten Springbrunnens Platz.

Sie öffnete ihr Tagebuch, trug eine neue Überschrift ein und unterstrich sie. Dann malte sie ein paar Spiegelstriche, um Einzelpunkte aufzuführen. Anschließend lehnte sie sich zurück und dachte nach, welche Punkte sie eintragen müsste.

FISH! leben

- Grandma
- Ehe
- Kinder
- Freunde
- Abnehmen

Sie schloss die Augen, und der strahlende Sonnenschein zauberte ein Kaleidoskop aus Farben und Formen auf ihre geschlossenen Lider. *Was nun?*, fragte sie sich. Sie öffnete die

Augen wieder und blickte auf die Tagebuchseite, auf der sie einige Weisheiten und Zitate gesammelt hatte. Dort fand sich unter anderem der Anfang eines Gedichts von Mary Oliver, „Die Reise“. Diese Worte zählten zu jenen, die die Weisheit eines ganzen Lebens bündelten:

Eines Tages endlich wusstest du,
was du zu tun hattest, und fingst an.

Diese zwei Zeilen sagen alles. „Eines Tages endlich wusstest du, /was du zu tun hattest, und fingst an.“ Und fingst an … Ja, ich weiß, was ich zu tun habe. Und es wird Zeit anzufangen.

Der Familienrat tagt wieder

Die Familie hatte sich wieder im Arbeitszimmer unterm Dach eingefunden. Mary Jane sah ihre Kinder an und sagte: „Lasst uns über FISH! reden. Ich denke, die FISH!-Philosophie kann uns dabei helfen, Wege zu finden, wie wir Grandma sagen, dass sie willkommen ist und es gut bei uns haben wird.“

„Cool. Das ist doch dieses Zeug, das Lonnie und du auch bei der Arbeit macht, nicht?“

„Genau, Brad. Lonnie hat mir FISH! beigebracht, und ich

habe die Ideen mit in meine Firma genommen. Ich weiß noch, wie du das erste Mal mit auf dem Markt warst. Du auch?"

„Klar, ich habe Lonnie bei der Arbeit geholfen, und das hat echt Spaß gemacht."

„Das weiß ich auch noch", schaltete Sarah sich ein. „Mich hat ein Fisch gebissen."

„Hat er nicht."

„Hat er doch."

„Nee."

„Schon gut, Kinder. Sarah, Kleines, ich glaube, er hat dich wirklich nicht richtig gebissen, sondern du bist erschrocken, als er sein Maul aufmachte."

„Das mein' ich doch, Mom."

„Und? Werfen wir Grandma Fische zu?"

„Lasst Lonnie und mich einfach die vier FISH!-Ideen erklären, und dabei können wir zusammen besprechen, wie wir Grandma sagen, dass wir sie bei uns haben möchten."

Spiele

„Was können wir tun, um Spaß in die Sache zu bringen? Spielen und Spaß zu haben ist eine Grundidee der FISH!-Philosophie. Sie besagt, dass wir unbeschwert, verspielt und mit Spaß an die Dinge herangehen sollen. Auf diese Weise gestalten wir selbst den Alltag und die Routine interessanter und schöner. Wir haben eben Spaß bei dem, was wir tun."

Spiele: Sei unbeschwert in allem, was du tust.

Bei Antritt der FISH!-Reise kann Spielen einfach nur bedeuten, die Alltagsroutine durch Spaß aufzuheitern. Nach einer Weile dann erkennt man, dass die spielerische Energie, die bei kleineren Späßen freigesetzt wird, auch eine Einstellung sein kann, die wir jederzeit frei wählen. Man stelle sich folgende Fragen:

- Wie kann ich zu einer Atmosphäre der Unbeschwertheit beitragen?
- Trage ich ein Lächeln in meinem Herzen, das man auch meiner Stimme anhört?
- Nutze ich alle Möglichkeiten, Spaß in eine Aufgabe zu bringen, die eigentlich nicht spaßig ist?
- Entscheide ich mich bewusst für die Verspieltheit?

„Mom.“ „Ja, Sarah?“

„Was ist ‚Losophie‘?“

„Das ist ein ziemlich gewaltiges Wort, nicht wahr? Es heißt Phi-lo-so-phie.“

„Philosophie?“

„Genau, und die FISH!-Philosophie ist eine Lebenseinstellung. Tun wir mal so, als müsstest du etwas tun, das du am liebsten nicht tun würdest.“

„Wie abwaschen oder mein Zimmer aufräumen?“

„Zum Beispiel. Erinnerst du dich daran, als der Geschirrspüler kaputt war und wir zusammen abgewaschen haben? Dabei haben wir uns Rätsel ausgedacht, und jeder wollte die anderen übertrumpfen.“

„Ja. Das war toll!“

„Und? Haben wir den Abwasch geschafft?“

„Aber wie! Die Teller waren sogar blitzblank, weil keiner aufhören wollte mit Abwaschen.“

„Und genau das meine ich: Wir müssen eine Arbeit machen, vor der wir uns am liebsten drücken würden, und machen sie zu einem Spaß, weil wir spielend an sie herangehen. Das ist die FISH!-Philosophie, wie sie leibt und lebt. Spielen gehört dazu. Also sollten wir uns fragen, wie wir Grandma unbeschwert und mit Spaß erklären, dass wir sie gern zu uns nehmen wollen.“

„Heißt das, wenn ich mit meinen Puppen spiele, ist das Philosophie? Ich spiele doch immerzu, Mom, wie alle Kinder."

„Ja, und das heißt vor allem, dass Spiel ein wichtiger Teil unseres Lebens ist. Manchmal vergessen die Erwachsenen zu spielen. Kinder aber wissen genau, wie man richtig spielt."

„Und wie können wir nun mit Grandma spielen?"

„Grandma darf mit meinen Puppen spielen", schlug Sarah mit leuchtenden Augen vor.

„Oder meinst du, sie würde gern Fangen mit uns spielen?"

„Ich weiß nicht, Brad, aber sie würde sich bestimmt freuen, wenn du sie fragst."

„Sie spielt gern Karten. Wenn sie auf uns aufpasst, spielen wir die ganze Zeit."

„Prima. Fallen euch noch andere Sachen ein, die ihr Spaß bei uns machen könnten?"

„Na klar", rief Brad. „Wir können mit ihr Blinde Kuh spielen."

Lonnie sagte: „Denken wir noch mal über Sarahs Idee nach. Mir fällt dazu eine Art Versteckspiel ein. Wir sind uns einig, dass Grandma sich nicht sicher ist, ob wir sie wirklich gern hier haben wollen; und wenn wir sie davon überzeugen können, dann wird sie wohl einverstanden sein. Ganz genau wissen wir das aber nicht, und deshalb müssen wir vor allem darauf achten, dass sie sich von uns nicht bevormundet oder überrannt fühlt. Wie können wir ihr sagen, dass es ein toller Spaß für alle wäre, wenn sie zu uns zieht, und sie trotzdem weiterhin selbst über ihr Leben bestimmt?“

„Sie mag den Zoo“, sagte Sarah. „Das weiß ich, weil sie dauernd mit mir hingeht. Ich könnte ihr sagen, wir nehmen sie mit in den Zoo, und in Wahrheit fahren wir dann hierher.“

„Und wenn sie ankommt, haben wir schon ein paar ihrer Sachen so aufgestellt, wie sie es gern hat“, ergänzte Mary Jane. „Wir müssen sie nur auf jeden Fall wissen lassen, dass wir alles zurückbringen, wenn sie es will. Es wäre ein Zeichen, wie ernst es uns damit ist, sie bei uns aufzunehmen.“

„Und wir hängen überall Ballons auf und kochen ihr Lieblingsessen“, schlug Brad vor.

Lonnie blickte einen Moment nachdenklich an die Zimmerdecke. „Einer von uns wird sie überall hinfahren müssen, wo sie bislang allein hingefahren ist. Wie oft geht sie eigentlich zum Frisör?“

Mary Jane überlegte. „Nicht besonders oft und eher unregelmäßig. Du weißt, wie sparsam sie mit Ausgaben für sich selbst ist.“

„Also?“, fragte Lonnie.

Bereite anderen Freude

Mary Jane schaute ein wenig verwundert drein, aber Brad begriff sofort: „Wir schenken ihr so'n Haardingsbums."

Lonnie schmunzelte. „Ich weiß auch nicht, wie das heißt, also bleiben wir vorerst bei ‚Haardingsbums'. Die zweite Grundidee von FISH! ist die, anderen eine Freude zu bereiten, etwas Besonderes für sie zu tun, das ihnen den Tag verschönert. Wie können wir ein Haardingsbums zu einem ganz besonderen Geschenk machen?"

Mary Jane blickte erst Lonnie, dann Brad an, ehe sie sagte: „Das ‚Haardingsbums' heißt ‚Dauerwelle', und wir könnten sie in einen Wellnesssalon einladen, wo sie nicht nur eine Dauerwelle bekommt, sondern rundum ein wenig verwöhnt wird."

„Gute Idee. Und während sie dort ist, bringen wir einige ihrer Sachen her und arrangieren sie im Gästezimmer. Anschließend holen wir sie wieder ab und fahren sie unter irgendeinem Vorwand hierher anstatt zu ihrer Wohnung. Wir bereiten ihr einen Riesenempfang und zeigen ihr, wie sehr wir uns wünschen, dass sie bleibt."

„Wir sollten aber nur ein paar von ihren Sachen holen. Der Grat zwischen einer freundlichen Einladung und vollendeten Tatsachen ist ziemlich schmal."

„Stimmt, deshalb sollten es vielleicht ein oder zwei symbolische Stücke sein, wie etwa ihre Lieblingstruhe."

„Ja!", antwortete Mary Jane begeistert. „Ein einzelnes Möbelstück ist perfekt, um ihr zu zeigen, dass wir es ernst meinen und sie trotzdem nicht überrumpeln wollen. Wir überraschen sie mit einem Tag Wellness und hinterher damit, dass wir sie zu uns bringen. Was haltet ihr Kinder von der Idee?"

Sarah strahlte. „Damit reiten wir ihr eine Freude."

„*Be*reiten, du dumme Kuh."

„Hab ich doch gesagt!"

Mary Jane hob eine Hand. „Wartet mal. Wenn wir uns schon eine Lebensphilosophie aussuchen, sollte sie für uns alle gelten. Zwar geht es hier um Grandma, aber letztlich doch um unsere Familie, um uns alle, die wir zusammenleben und uns gegenseitig unterstützen. Brad, mit dem, was du gerade zu Sarah gesagt hast, hast du ihr bestimmt nicht den Tag verschönert. Man bereitet niemandem eine Freude, indem man ihn ‚dumme Kuh' nennt."

Lonnie nickte und sah Brad ernst an.

Der starrte angestrengt auf seine Füße. „Ich weiß, so was sagt man nicht."

„Immerhin ein Anfang, Brad", sagte Lonnie. „Aber die FISH!-Philosophie besteht nicht nur aus Regeln. Wer eine

Philosophie leben will, sollte sie mit allen anderen Menschen teilen, die ihn umgeben. Das heißt, lebst du sie mit Sarah, so fällt es dir auch leichter, sie mit Grandma zu leben, und umgekehrt. FISH! ist etwas, das wir mit jedem üben können und sollten."

„Tut mir Leid, Sarah. Ich finde dich nicht dumm. Für ein Mädchen bist du sogar ziemlich schlau."

„Brad!"

„Was?"

„Denk mal nach, was du da gerade gesagt hast."

„O Mann, dieser FISH!-Kram ist wirklich nicht leicht, Mom. Tut mir Leid, Sarah. Ich finde, du bist ziemlich schlau, echt. Meine Freunde ziehen mich schon damit auf, dass ich immer sage, meine Schwester ist schlau."

„Schon gut, Brad, wir wollen's auch nicht übertreiben. Man sollte immer ehrlich bleiben."

„Aber das stimmt, Mom! Ich gebe wirklich mit Sarah an, nur eben nicht, wenn sie dabei ist."

„Das war jetzt ein Superbeispiel dafür, wie man jemandem Freude bereitet. Und wenn du wissen willst, was dabei rauskommt, brauchst du bloß deine Schwester anzusehen."

Sarah strahlte von einem Ohr zum anderen.

„Am Anfang ist es nicht leicht, sich immer wieder daran zu erinnern, Brad, aber glaub mir, je länger du dabei bleibst, umso selbstverständlicher wird es für dich. Denk einfach dran, dass du dir vorgenommen hast, die Welt zu einem schöneren Ort zu machen, und damit sie das wird, behandelst du die Leute entsprechend. Dazu gehört eben auch, dass du dieses Haus zu einem schöneren Ort machst, indem du Sarah nett behandelst."

„Und deine Schule kannst du zu einem schöneren Ort machen, indem du deine Klassenkameraden und deine Lehrer nett behandelst", fügte Lonnie hinzu.

„Na gut, ich will's versuchen."

Bereite anderen Freude: Manchmal kann man anderen einfach schon durch die Art Freude bereiten, wie man auf sie zugeht.

Die Fischhändler gehen auf jeden Einzelnen ihrer Kunden so zu, dass er etwas mitnimmt von seinem Besuch auf dem Markt – und zwar nicht bloß Fisch. Sie möchten den Menschen Erinnerungen, ein gutes Gefühl und Geschichten mitgeben, die sie weitertragen und mit anderen teilen. Man kann anderen schon allein durch die

Art, wie man auf sie zugeht, eine Freude bereiten, indem man ihnen menschlich begegnet.

- Wem möchte ich heute den Tag verschönern?
- Wie kann ich mein Leben heute leben, um für andere eine Inspiration zu sein?
- Gönne ich mir das gute Gefühl, das sich einstellt, wenn man etwas für andere tut?
- Bin ich offen dafür, dass mir jemand meinen Tag verschönert?

Sei präsent

Mary Jane blickte in das aufgeschlagene Tagebuch in ihrem Schoß und sagte: „Die dritte Grundidee der FISH!-Philosophie ist ‚Sei präsent'. Das bedeutet, wirklich da zu sein, dem anderen richtig zuzuhören und nur eine Sache auf einmal zu machen. Sie spielt darauf an, dass wir uns nicht ständig ablenken lassen, wenn wir mit anderen zusammen sind. Für sein Gegenüber ganz und gar da zu sein ist schon der erste Schritt zu einem guten Gespräch. Wenn wir mit Grandma sprechen, müssen wir ihr zeigen, dass wir ganz für sie da sind, damit sie fühlt, wie sehr wir sie lieben. Ich möchte euch Kindern dazu gern eine Geschichte aus der Zeit erzählen, als ihr beide noch Babys wart.

Sei präsent: Wenn man lernt, wie man wirklich präsent ist in dem, was man gerade tut, geschehen die erstaunlichsten Dinge. Das Bewusstsein, den Körper und den Geist in eine Einheit zu bringen ist ein Geschenk für uns und für die anderen.

Die Fischhändler auf dem Markt verstehen es auf beeindruckende Weise, auf andere Menschen einzugehen, wirklich präsent zu sein und sich bewusst nicht ablenken zu lassen.

- Höre ich meiner Familie und meinen Freunden tatsächlich aus dem einzigen Grunde zu, weil ich wissen will, was sie mir zu sagen haben?
- Schenke ich anderen meine ungeteilte Aufmerksamkeit?
- Haben wir eine Methode, wie wir mit Unter-

brechungen umgehen, wie beispielsweise einem Anruf, der während einer gemeinsamen Mahlzeit kommt?
- Habe ich heute schon daran gedacht, wie gut es tut, wenn mir jemand richtig zuhört?

Wenn wir zum Beispiel im Supermarkt waren und ich einen von euch auf dem Arm hielt und mit ihm sprach, dann konnte es geschehen, dass ein Bekannter mich ansprach. Wenn ich mich dann der anderen Person zuwandte, was – glaubt ihr – habt ihr dann gemacht? Ihr habt mein Gesicht gefasst und dafür gesorgt, dass ich euch wieder ansehe. Ihr wolltet, dass ich für euch ‚da war'. Alle Menschen entwickeln bereits in der Kindheit ein Gespür dafür, wann jemand bei der Sache und wann er abgelenkt ist. Es fühlt sich einfach nicht gut an, wenn wir uns mit jemandem unterhalten, der nicht wirklich da ist, nicht präsent. Also: Wie können wir für Grandma da sein?"

„Sie kann mir Geschichten vorlesen, und ich höre ihr zu", schlug Sarah vor.

Brad sagte: „Sie mag es, wenn ich mich zu ihr setze, um mit ihr zu reden, statt vor ihr stehen zu bleiben."

„Was genau meinst du damit, Brad?"

„Na ja, wenn wir bei ihr sind, sitzt sie meistens in ihrem Lieblingssessel, und ich stelle mich neben sie und rede mit ihr. Sie nimmt dann meine Hand, als wenn sie sich an mir festhalten wollte. Einmal habe ich mich hingesetzt, und da war's ganz anders. Jetzt setze ich mich fast immer hin, auch wenn wir nur ganz kurz bei ihr sind. Ich glaube, sie mag das."

Lonnie lehnte sich zurück und lächelte. „Ihr Kinder seid wirklich toll. Aus euch könnten richtig gute Fischhändler werden." Brad wurde feuerrot, Sarah kicherte. „Auf dem Markt ist das Schlimmste, was man bei einem Kunden falsch machen kann, sich ablenken zu lassen, während man mit ihm spricht. So ein Verhalten ruiniert ihm das ganze Markterlebnis."

Er beugte sich wieder vor, rieb sich die Hände und sagte: „Also, wir wissen jetzt in etwa, wie wir vorgehen wollen. Aber wissen wir auch, welche Einstellung wir wählen sollen?"

Wähle deine Einstellung

„Was ist eine Einstellung, Mom?"

„Unsere Einstellung oder Haltung, wie man es auch nennen kann, ist die Art, wie wir uns nach außen geben. Normalerweise geben wir uns nach außen so, wie wir uns im Innern fühlen, aber eben nicht immer. Deshalb unterscheiden wir zwischen dem Inneren, unseren ‚Gefühlen', und dem Äußeren, unserer ‚Einstellung'. Wir sollten irgendwann ausführlicher über den Unterschied zwischen Gefühlen und Einstellungen sprechen, aber im Moment bleiben wir bei unseren Einstellungen. Wenn wir über die Einstellungen anderer sprechen, beziehen wir uns auf das, was wir den Leuten ansehen. Wir haben dafür Worte wie glücklich, mürrisch, positiv, negativ, liebevoll, wütend, verbittert, geduldig, albern oder verspielt. Wenn jemand dauernd davon redet, was ihm alles nicht gefällt, sagen wir, derjenige habe eine negative Einstellung. Wenn jemand, wie Lonnie, an allem stets die guten Seiten sieht und in allem und jedem eine Chance erkennt, dann sagen wir, er hat eine positive Einstellung. Es heißt, dass man in jeder Situation nach dem Guten sucht. Und nun überlegen wir mal, welche Einstellung wir wählen, wenn es um Grandmas Einzug geht."

„Froh", kam prompt von Sarah.

„Geduldig", fügte Mary Jane hinzu.

„Freundlich", schlug Brad vor.

„Verständnisvoll", sagte Mary Jane.

Wähle deine Einstellung: Die Einstellung, mit der man in einem beliebigen Moment an die Dinge herangeht, wählt man frei. Deshalb sollte man seine Wahl so treffen, als hinge das eigene Leben davon ab, denn so ist es tatsächlich – in jedem einzelnen Moment.

Die Fischhändler sprechen an jedem Arbeitstag zuallererst darüber, für welche Einstellung sie sich entscheiden. Sie sind sich ihrer freien Wahlmöglichkeit bewusst, und dieses Freiheitsbewusstsein bestimmt ihr gesamtes Handeln.

- Für welche Einstellung entscheide ich mich in diesem Moment?
- Muss ich meine gegenwärtigen Einstellungen überdenken, oder werde ich bei der Haltung bleiben, die ich gerade einnehme?
- Mit welchen Einstellungen würde ich gern öfter an mein Leben herangehen?
- Welche meiner Einstellungen hätte ich lieber nicht?

- Ist mir bewusst, dass sich Gefühle nicht kontrollieren lassen und jederzeit ohne Vorwarnung beeinflusst werden können, meine Einstellungen aber sehr wohl von mir bestimmbar sind?
- Und ist mir bewusst, dass manchmal die Wahl einer bestimmten Einstellung die Art und Weise beeinflusst, wie ich mich zukünftig fühle?

Alle sahen Lonnie an und warteten auf seine Einstellung.

„Dankbar. Ich bin dankbar, für eine Person etwas tun zu können, die meiner Familie so wichtig ist. Und ich möchte, dass Grandma meine Einstellung erkennt. Sie hat schon einmal bei euch gewohnt, nachdem euer Vater, dein Mann, gestorben war. Ich halte das für eine sehr liebevolle und großzügige Tat. Und ich möchte Grandma zeigen, wie dankbar ich dafür bin, dass ich sie in unser Haus aufnehmen kann. Sollte sie sich allerdings dafür entscheiden, lieber irgendwo anders zu wohnen, so werde ich ebenfalls dankbar sein und ihr bei der Erfüllung ihres Wunsches helfen."

Der Familienrat setzte das Gespräch über Einstellungen noch eine Weile fort, bis eine ganze Liste zusammengestellt war, deren Einträge einzeln buchstabiert werden mussten, weil Sarah alles in großen Druckbuchstaben mitschreiben wollte.

Mary Jane sah ihre Tochter an und dachte: *Hier reden wir als Familie über die FISH!-Philosophie, und jeder hat etwas beizutragen. Warum hat es so lange gedauert, bis ich erkannte, welche Möglichkeiten diese Ideen uns bieten? Sarah fängt sogar auch schon an, ihre FISH!-Liste zu schreiben.*

Am Ende des Familienrates hatten sie nicht nur eine Liste von Einstellungen beisammen, sondern auch einen Plan, wie sie die Großmutter überraschen würden und ihr zeigen könnten, wie gern sie sie bei sich haben wollten.

Sie wollten einen Termin in einem Wellnessstudio machen. Und während Grandma sich dort verwöhnen ließ, wollten sie ein Möbelstück von ihr ins Gästezimmer ihres Hauses bringen. Dann würde Lonnie Grandma abholen und als Erstes zu ihrem neuen Heim fahren, in dem sie der Rest der Familie inmitten bunter Luftballons erwarten würde. Anschließend wollten sie gemeinsam zum Essen fahren und dabei mit Grandma besprechen, was sie aus ihrer Wohnung in ihr neues Zuhause mitnehmen wollte. Und der Abschluss sollte – hoffentlich – sein, dass sie mit ihr noch ein paar Dinge aus ihrem Apartment holten und alle zusammen zum Queen Anne Hill zurückfuhren.

„Ich denke, unsere Einstellung ist mittlerweile eher ‚schläfrig', was meint ihr?", fragte Lonnie irgendwann. Alle lachten und sagten sich Gute Nacht.

Mary Jane dachte darüber nach, wie Brad sich heute Abend verhalten hatte. *Mein kleiner Junge wird langsam groß. Und irgendetwas scheint ihn zu bedrücken. Ich muss mir dringend einmal Zeit für ihn nehmen. Nein. Ich muss heute für ihn da sein.*

„Lonnie, ich seh noch mal kurz nach Brad, bevor ich ins Bett komme."

„Ist es dir auch aufgefallen? Er wurde im Laufe des Abends immer stiller. Irgendwas scheint ihm auf der Seele zu liegen."

Mary Jane ging in Brads Zimmer. „Gute Nacht, Brad."

„Nacht, Mom. Das war toll."

„Ja, aber ich hatte trotzdem das Gefühl, dass dich etwas bedrückt."

„Ich musste an die Schule denken. Du sagst immer, wie wichtig es ist, sich in der Schule anzustrengen, aber manchmal kann ich die Schule nicht leiden."

„Magst du darüber reden?"

„Mom, hast du schon mal etwas gemacht oder nicht gemacht, nur weil du keine Schwierigkeiten wolltest?"

„O ja, natürlich. Und ich kenne das Gefühl, das man dabei hat, Brad."

„Da ist dieser Junge in der Schule, der sich manchmal komisch benimmt. Alle hänseln ihn. Ich finde das nicht gut, aber ich mache auch nichts dagegen. Ich behandle ihn wie Luft, obwohl er mir überhaupt nichts getan hat. Es ist einfach die Art, wie er ist. Und als wir über Einstellungen redeten, musste ich an ihn denken."

„Ich bin stolz auf dich, Brad, weil du so nachdenklich und vernünftig bist."

„Was soll ich denn machen, Mom?"

„Ich wünschte, ich könnte es dir sagen, aber das kann ich nicht. Du musst selbst entscheiden, was du für richtig hältst. Was ich dir allerdings sagen kann, ist, dass es Momente in meinem Leben gab, in denen das Richtige zu tun mir Angst eingejagt hat, weil ich keine Ahnung hatte, wie die anderen darauf reagieren würden. Vielleicht denkst du noch einmal über das nach, was wir heute Abend besprochen haben, und überlegst, ob dir etwas einfällt."

„Danke, Mom."

„Gute Nacht, Brad. Ich liebe dich."

Mary Jane ging ins Bad.

„Ich wüsste zu gern, was in deinem Kopf vor sich geht."

„Mein Gott, Lonnie, hast du mich erschreckt!" Sie hatte gar nicht bemerkt, dass er hinter ihr stand. „Ich dachte gerade darüber nach, wie schwer ein Kind in seinem Alter es oft hat. Und ich dachte an unseren Überraschungsplan für Mom.

Hätten wir sie ins Gespräch einbezogen, sie hätte über nichts anderes mehr nachgedacht und sich Sorgen gemacht, bis sie hier eingezogen wäre, falls sie überhaupt noch zugesagt hätte. Stattdessen haben wir vieles vorab geklärt, ohne dass sie sich den Kopf darüber zerbrechen muss, und ich denke, es ist besser so für sie."

„Glaubst du, sie wird Ja sagen?"

„Das hoffe ich, Lonnie."

„Wäre der Zeitpunkt jetzt günstig für das Gespräch, das wir uns vorgenommen hatten?", fragte Lonnie und setzte sich auf den Rand der viktorianischen Badewanne.

„Ja, ich bin sowieso noch hellwach. Meine kleine Unterhaltung mit Brad hat mich daran erinnert, wie es war, vom Kind zum Teenager zu werden. Diese Phase kann ziemlich schlimm sein. Gib mir eine Minute, um meine Gedanken zu sortieren, während ich mich abschminke."

Es klopfte an der Badezimmertür, und Lonnie öffnete. Dort stand Brad. „Sarah weint. Ich glaube, sie hatte einen Albtraum."

Und so musste das Gespräch wieder einmal verschoben werden.

**Die Gespräche, die nötig sind,
um eine Beziehung zu erhalten,
lassen sich leicht erkennen.**

**Es sind diejenigen,
die immer wieder aufgeschoben werden.**

Wie wird Grandma sich entscheiden?

Drei Wochen waren seit dem zweiten Familienrat vergangen, und nun war der Tag da, an dem eine Menge Überraschungen auf Mary Janes Mutter warteten. Mary Jane sah auf ihren Wecker und sprang aus dem Bett. Sie zog sich den Morgenmantel an und ging die Kinder wecken.

„Zeit zum Aufstehen, Brad. Zeit zum …" Sarah hockte fertig angezogen auf ihrer Bettkante. „Sarah, wie lange bist du schon auf?"

„Hi, Mom. Ich konnte nicht schlafen, weil ich immer an Grandma denken musste. Ich habe eine fröhliche Einstellung, Mom."

Mary Jane setzte sich zu ihrer Tochter und nahm sie in den Arm. „Ach, Sarah, du bist so süß." Sie saßen beieinander und genossen still den Moment.

Dann brach Mary Jane das Schweigen. „Ich bin froh, dass du schon fertig bist, dann kannst du mir in der Küche helfen. Lassen wir Dad noch ein bisschen schlafen. Brad müssen wir aber, glaube ich, noch mal wecken. Warum gehst du nicht hin und machst das, und dann kommst du zu mir in die Küche?"

„Ich steh ja schon auf! Raus hier!"

„Mom hat gesagt, ich soll dich wecken, Brad! Heute zieht Grandma doch bei uns ein."

„Heute? Ist heute Samstag? Ich bin gleich da. Versprochen.“

Als Sarah in die Küche kam, war der Tisch bereits gedeckt; vier verschiedene Frühstücksflockenpackungen standen in der Mitte. „Ist dein Bruder aufgestanden?“

„Er sagt, er kommt gleich. Ich glaube, er dachte, heute ist ein ganz normaler Schultag.“

„Guten Morgen, ihr schönen Damen.“

„Haben wir dich geweckt, Schatz?“

„Nein, nein, ich war sowieso schon wach. Wann soll ich deine Mutter abholen und in den Wellnesssalon bringen?“

„Wenn du um acht losfährst, müsste es reichen. Wir haben also fast eine halbe Stunde fürs Frühstück. Luxus, was?“

Mary Jane hatte ein Vormittagsprogramm gebucht, mit Massage, Frisör und Maniküre. Sogar ein leichtes Mittagessen war im Preis inbegriffen. Alles in allem würde ihre Mutter vier Stunden fort sein; Zeit genug, um ein Möbelstück aus ihrem Apartment zu holen und in ihrem – hoffentlich – neuen Zimmer am Queen Anne Hill aufzustellen. Außerdem hatten sie ein Umzugsunternehmen auf Abruf bestellt, falls sie es später noch brauchen sollten. Es firmierte unter dem Namen „Zwei Männer und ein Lastwagen“. Mary Jane überreichte Lonnie einen ausgedruckten Zeitplan, den sie vorbereitet hatte.

„Hast du mir etwa verschwiegen, dass du früher bei der NASA warst? Das sieht ja richtig amtlich aus", sagte er lachend. Brad kam die Treppe herunter, die Haare noch nass vom Duschen. „Hallo, mein Großer. Wir sehen uns nachher bei Grandma."

Bis halb eins hatten sie das Kopfstück von Grandmas Bett abgebaut und so im Gästezimmer aufgestellt, dass sie sich vorstellen konnte, wie es aussehen würde, wenn das ganze Bett dort stand. Das Zimmer war richtig hübsch geworden, fanden alle, und Lonnie machte sich wieder auf den Weg. „Die Ballons sind toll. Und nun lasst uns hoffen und beten, dass es funktioniert. Ich werde in etwa fünfzig Minuten mit ihr hier sein. Drücken wir die Daumen."

Lonnie kam pünktlich im Wellnesssalon an und eilte zum Empfangstresen. „Ich möchte Mrs. Ida Gomez abholen."

„Ich glaube, sie ist noch beim Lunch im Innenhof. Ich werde ihr sagen, dass Sie da sind."

Lonnie hatte es sich gerade bequem gemacht und begonnen, in der einzig verfügbaren Zeitschrift zu blättern, dem Magazin von Oprah Winfrey, als Grandma kam.

Bewundernd schaute er sie an. „Du siehst fantastisch aus!"

„Das war unglaublich nett von dir und Mary Jane. Was für ein wundervoller Vormittag! Wir haben sogar Mittagessen bekommen."

„Sehr gut. Ich würde gern noch kurz bei uns vorbeifahren und dir was zeigen, wenn es dir nichts ausmacht."

„Nein, natürlich nicht. Sind Mary Jane und die Kinder auch da?"

„Darauf kannst du wetten."

„Na, dann lass uns fahren", sagte sie und hakte sich bei Lonnie ein.

Zu Hause angekommen, öffnete Lonnie die Tür und führte Grandma in einen Raum voller bunter Luftballons.

„Macht ihr eine Party?", fragte sie verwundert.

„Überraschung!" Mary Jane, Brad und Sarah sprangen aus ihren Verstecken hervor, jeder einen Blumenstrauß mit einer weißen Schleife in der Hand.

„Überraschung!"

„Überraschung!"

Grandma staunte nicht schlecht; immerhin wusste sie ja, dass sie heute nicht Geburtstag hatte. „Was ist denn bloß los?"

Mary Jane und Sarah nahmen sie bei den Händen und führten sie die Treppe hinauf zum Gästezimmer im ersten Stock, gefolgt von Lonnie und Brad. Im Zimmer standen Vasen bereit, in die sie die drei Blumensträuße steckten.

Grandma starrte mit offenem Mund auf das Kopfteil ihres Bettes. „Das ist mein Bett."

Nun war Sarah an der Reihe: „Grandma, wir haben gehofft, dass du es so schön findest, dass du deine restlichen Sachen holen und bei uns bleiben willst. Willst du bei uns wohnen, Grandma?“

„Grundgütiger! Ihr wollt wirklich, dass ich zu euch ziehe? Und ich dachte immer…“ An dieser Stelle versagte ihr die Stimme.

Sarah hatte Recht behalten. Alles, was man tun musste, war, ihr überzeugend zu demonstrieren, wie gern sie sie bei sich haben wollten. Ihr „altes Apartment“, wie sie es fortan nur noch nannte, war ihr von einem Moment auf den anderen vollkommen gleichgültig geworden. Sie war jetzt in ihrem neuen Zuhause.

Sie wollte nicht einmal dabei sein, als ihre übrigen Sachen geholt wurden. Nach dem gemeinsamen Essen im Restaurant ließ sie sich mit Sarah nach Hause bringen, und der Rest der Familie fuhr allein zu ihrer Wohnung, wo sie mit „Zwei Männern und einem Lastwagen“ verabredet waren.

Sarah erzählt Grandma von FISH!

„Möchtest du sehen, was ich oben gerade mache? Ich habe eine Philosophie.“

„Du hast was, Liebes?“

„Eine Philosophie. Eine FISH!-Philosophie.“

„Aha, eine Philosophie. Ist man mit sieben denn schon alt genug, um eine Philosophie zu haben?"

„Ach, Grandma, unsere ganze Familie hat eine Philosophie. Komm mit, ich zeig sie dir."

Sie führte ihre Großmutter nach oben ins Arbeitszimmer. „Du kannst meinen Schreibtisch mitbenutzen, bis du einen eigenen hast. Deinen haben wir nämlich vergessen."

„Das macht überhaupt nichts, Sarah. Ich komme prima zurecht, solange ich ab und zu an deinem sitzen darf. Und jetzt erzähl mir von dieser FISH!-Philosophie."

„Na ja, Mom und Dad brauchen sie bei ihrer Arbeit. Sie bedeutet, dass man Spaß hat. Dieser Teil ist für Kinder ganz einfach. Und man macht nette Sachen für andere. Man hört zu, wenn jemand mit einem spricht, und man wählt seine Einstellung. Das mit der Einstellung, glaub ich, ist am schwersten. Guck mal, was ich mache, um mich daran zu erinnern, immer an meine Einstellung zu denken."

Ida sah auf die kreisrunden kleinen Notizzettel, von denen jeder mit einem Wort beschrieben war. Auf der einen Seite des Schreibtisches lagen welche mit Begriffen wie „froh", „positiv", „liebevoll", „hilfreich", „verständnisvoll", „freundlich" und zahlreichen weiteren, auf der anderen eine kleinere Sammlung mit Ausdrücken wie „launisch", „ungeduldig", „wütend" und „pingelig".

„Ich hab die alle aufgeschrieben, als wir über Einstellungen redeten. Daraus mache ich Einstellungsanstecker. Du nimmst dir einen von den Zetteln und steckst ihn dir mit einer Nadel an deinen Pullover. Möchtest du, dass ich dir einen mache, Grandma?"

„Aber sicher."

„Und welche Einstellung willst du dir anstecken?"

„Hast du auch ‚stolz'?"

„Ich glaub nicht. Siehst du ihn vielleicht? Warum weinst du denn, Grandma? Willst du auch einen traurigen?"

„Nein, Sarah, ich bin nicht traurig. Ich weine Freudentränen, weil ich so stolz auf dich bin. Und deshalb will ich auch einen Zettel tragen, der genau das sagt."

Sarah beschriftete einen neuen Zettel mit „stolz". „Hilfst du mir mit der Nadel? Das ist mein erster richtiger Anstecker."

„Natürlich helf ich dir. Und dann musst du mir sagen, welchen du tragen willst."

„Nicht nervig."

„Aha?"

„Ja, Mom sagt, manchmal nerve ich Brad. Ich werde immer so wütend, wenn er sich über mich lustig macht, und dann nerv ich ihn eben, um mich zu rächen. Deshalb will ich ‚nicht nervig' als Anstecker."

„Tja, dann musst du wohl noch einen neuen machen, denn den sehe ich hier nirgends."

„Ich konnte keinen machen, weil ich ‚nervig' nicht schreiben kann. Buchstabierst du's mir?"

Die beiden arbeiteten gemeinsam an weiteren Ansteckern, bis unten die Haustür ging.

„Hallo!", rief Mary Jane.

„Wir sind hier oben, Mom!", antwortete Sarah.

„Im Arbeitszimmer, Liebes", rief Grandma Ida.

Mary Jane, Lonnie und Brad kamen zu ihnen hinauf unters Dach, wo Sarah ihnen auseinander setzte, worum es gerade ging. Brad schien zunächst ein bisschen skeptisch, was „nicht nervig" betraf, aber er kritisierte seine Schwester nicht, sondern verlangte nach einigem Nachdenken einen „hilfreich"-Anstecker. Lonnie wählte „nachdenklich", und Mary Jane wollte gleich zwei Anstecker – „hier" und „jetzt" –, die sie in ihrem Ziel bestärken sollten, wirklich „da zu sein".

Da ihr Wunsch die anderen neugierig machte, erklärte sie: „Wir haben ständig so viel um die Ohren – dabei haben wir uns das meiste von dem, was unsere Tage bis an den Rand ausfüllt, freiwillig ausgesucht. Ich habe mir fest vorgenommen, klare Grenzen zu ziehen und Prioritäten zu setzen, und ich möchte trotzdem in jedem Moment „hier" und „jetzt" sein, weil jeder Moment mein Leben ist. Ich will aufhören, in der Zukunft oder in der Vergangenheit zu leben. Wahrscheinlich ist das der Grund, weshalb ich die FISH!-Philosophie in alle Bereiche meines Lebens tragen möchte."

Nachdem Grandma und die Kinder an diesem Abend zu Bett gegangen waren, hatten Lonnie und Mary Jane tatsächlich ein bisschen Zeit für sich. Mary Jane sagte: „Ich möchte noch nicht ins Bett. Falls du nicht zu müde bist, würde ich gern unser ewig aufgeschobenes Gespräch beginnen."

„Selbstverständlich, Liebes. Vorher muss ich dir aber sagen, wie prima ich es finde, dass du dir Anstecker ausgesucht hast, die für ‚Sei präsent' stehen. Die Grundideen der FISH!-Philosophie überschneiden sich alle, und deine Wahl hat mal wieder bewiesen, dass, wenn man eine wählt, dadurch alle anderen bestärkt. Auf dem Markt und auch sonst habe ich das immer wieder an mir selbst erlebt. Da gab es einige Dinge, die mich störten und die ich ändern wollte, aber indem ich Moment für Moment versuchte, unbeschwert und spielerisch an alles heranzugehen, anderen Freude zu bereiten, für sie da zu sein und meine Einstellung bewusst zu wählen, kam ich mit fast allem klar. In der Kombination entwickeln die Ideen ihre wahre Stärke.

Und jetzt lass uns reden. Ich glaube, wir haben heute das Richtige getan, und ich glaube auch, dass es für die Kinder eine wertvolle Erfahrung wird. Nach all der Aufregung bin ich noch hellwach. Was hältst du davon, wenn wir uns was zu trinken nehmen und rauf ins Arbeitszimmer gehen? Von dort aus können wir die Abendlichter von Seattle bewundern. Ach, und ich muss dich noch etwas fragen, bevor wir auf die ernsteren Sachen zu sprechen kommen."

Ein Gespräch für eine starke Ehe

Als sie es sich bequem gemacht hatten, begann Lonnie: „Ich habe vielleicht schon erwähnt, dass ich ein paar lose Enden verknüpfen muss, und wie du wohl noch weißt, meinte Jack, er hätte eine Überraschung für mich und wollte mich noch mal sprechen."

„Okay, und worum ging es dabei?"

„Na ja, du wirst es nicht glauben. Jack hat mich gefragt, ob ich auf Teilzeitbasis an den Wochenenden auf dem Markt arbeiten will, sobald ich meinen Anfang in der Schule und im Krankenhaus überstanden und mich eingearbeitet habe. Er sagte, ich könnte zweimal zehn Stunden arbeiten, und er würde mir drei volle Tage bezahlen. Das wären dann sechzig Prozent meines bisherigen Verdienstes, und ich müsste keinen Studienkredit aufnehmen. Was meinst du? Ich sagte Jack, ich würde erst mit dir reden und ihm dann Bescheid geben."

Mary Jane vergrub das Gesicht in den Händen und schluchzte hemmungslos. Die Raumtemperatur schien in den unendlichen Minuten, die sie nichts sagte, in den Minusbereich zu fallen.

Schließlich konnte Lonnie es nicht mehr aushalten und fragte: „Was ist denn los, Liebling? Habe ich etwas Falsches gesagt? Was ist mit dir?“

Sie sah ihn aus tränennassen Augen an. „Ich bin wütend, Lonnie, auf mich, weil ich es so weit habe kommen lassen, und auf dich, weil du es scheinbar nicht anders willst. Dass du überhaupt in Erwägung ziehst, die Wochenenden zu arbeiten, ist für mich ein klares Zeichen dafür, wie unterschiedlich wir über unser Eheleben denken. Wir haben uns versprochen, in guten wie in schlechten Zeiten füreinander da zu sein, aber wir sind nur nebeneinander da. Ich wollte mit dir darüber reden, dass wir dringend mehr Zeit zusammen verbringen sollten, und überlegen müssen, was wir wirklich wollen. Was erwarten wir von unserer Ehe? Ist sie nur ein großes Sparschwein, das wir unbedingt füllen müssen, selbst wenn wir dafür unsere gesamte Zeit mit Arbeit verbringen? Und wenn ja, wofür?“

„Ich begreife nicht, warum du so wütend wirst. Ich hielt es für eine Nebensächlichkeit, die wir klären, bevor wir auf das Wesentliche zu sprechen kommen. Offenbar habe ich mich geirrt, und es ist keine Nebensächlichkeit. Mary Jane, du weißt, dass ich immer auf mich allein gestellt war, und es gab mir ein Gefühl von Sicherheit, finanziell unabhängig zu sein. Ich hasse Schulden. Mir fiel es schon schwer genug, dir die Kontrolle über unsere Finanzen zu überlassen, obwohl es das einzig Vernünftige war, da du ja nun mal vom Fach bist. Aber ich fand's immer irgendwie komisch. Du weißt schon, dieses Männlichkeitsding, nein, eher ein Kontrollding. Trotzdem dachte ich, du würdest dich freuen, wenn wir keine Schulden machen müssen, damit ich meine Ausbildung beenden kann. Und ich kann sogar etwas zur Haushaltskasse beisteuern.

Für dich mag es seltsam klingen, aber ich dachte nie an unsere Beziehung als etwas, das wir beide gestalten könnten. Ich habe es mir mehr so vorgestellt, dass wir gemeinsam in einer Welt leben, die uns sagt, was wir zu tun haben, und wir versuchen, das Beste daraus zu machen. So bin ich an meine Arbeit nie herangegangen, und deshalb begreife ich selbst nicht, warum ich es hier tue. Auf dem Markt war ich überzeugt, dass wir etwas Außergewöhnliches bewerkstelligen können, und das haben wir ja auch getan."

Er raufte sich die Haare und fuhr fort: „Hör mal, Mary Jane, wenn wir einen Kredit aufnehmen müssen, um ein gemeinsames Leben zu führen, dann werde ich versuchen, meine Angst davor zu überwinden. Aber ich möchte, dass du um diese Ängste von mir weißt und mich anhörst. Wenn ich die Obdachlosen auf dem Markt sehe, dann sehe ich mich in ihren Gesichtern. Ich hätte leicht einer von ihnen werden können, und das ist keine Übertreibung. Ich wäre um ein Haar da gelandet, wo sie sind."

Mary Jane dachte eine Weile nach, bevor sie antwortete: „Ich liebe dich, Lonnie, und ich bin wirklich gern mit dir zusammen. Ich liebe es, wie du mit den Kindern umgehst. Sie lernen so viel von dir. Ich bekomme immer noch Herzklopfen, wenn ich dich die Straße herunterkommen sehe. Ich mag deine Direktheit und deinen Sinn für Humor. Die Zeit, die wir zusammen verbringen, ist für mich etwas ganz Besonderes, etwas Wertvolles. Aber wenn ein Moment vorüber ist, kommt er nicht wieder. Und ich möchte, dass wir uns bewusst machen, wie und womit wir unser Leben verbringen; dass wir unsere Energie den Dingen widmen, für die wir uns entscheiden, nicht denen, die sich ergeben.

Ich möchte heute Großartiges erleben, aber ich möchte auch, dass wir sorgfältig für die Zukunft planen. Ich möchte diese Ehe nicht damit verbringen, jede Menge Ersparnisse anzuhäufen, um irgendwann festzustellen, dass ich für mein Auskommen als Witwe gespart habe, während ich meine Ehe verpasste. Mir geht es darum, eine Balance zu schaffen, die richtigen Proportionen und die richtigen Werte zu finden. Und ich brauche das kontinuierliche Gespräch. Ich denke, ihr Jungs hättet auf dem Markt niemals all die Energie aufbringen können, hättet ihr euch nicht fortwährend miteinander unterhalten. Richtig?"

„Wir haben ständig geredet, und wir haben gelernt, auch über die schwierigen Dinge und die, die uns Angst machten, zu reden. Dinge wie Einstellungen, Motivation und Verlässlichkeit. Und wir haben über Fertigkeiten, Präsentation und Sicherheit geredet. Aber bei alldem ging es um den Menschlichkeitskram, der uns weltberühmt gemacht hat", sagte Lonnie.

Die Saat für neues Wachstum in einer Beziehung wird durch das offene Gespräch gepflanzt.

„Soll ich meine Ausbildung für eine Weile auf Eis legen und lieber fest arbeiten, Mary Jane? Ich könnte innerhalb von vierundzwanzig Stunden eine feste Anstellung als Krankenpfleger bekommen."

„Nein, Lonnie, das ist es doch gar nicht, was ich will. Ich fand's toll, als du das Angebot der Washington State angenommen hast, und du weißt, wie begeistert ich bin, dass du die Ausbildung angefangen hast."

„Mary Jane, ich würde gern auf eine Frage zurückkommen, die du vorhin gestellt hast. Du wolltest wissen, was wir uns mit unserer Ehe aufbauen wollen. Darüber sollten wir reden. Ich glaube, wir haben schon viel zu lange nicht mehr wirklich geredet. Du wusstest ja nicht einmal, warum es mir so wichtig ist, an den Wochenenden auf dem Markt arbeiten zu können, und ich habe nicht begriffen, warum du dich gerade jetzt so stark in der Gemeinde engagierst. Fangen wir noch mal ganz von vorn an, so wie wir es auf dem Markt immer tun. Beginnen wir damit, welche Visionen wir für unsere Ehe haben und welche Rolle jedem von uns bei ihrer Verwirklichung zukommt. Das sollten wir überhaupt häufiger tun."

„Wo willst du anfangen?"

„Fangen wir beim Geld an, und wenn wir dann noch Zeit übrig haben, können wir über Sex reden."

„Lonnie!"

Er lächelte. „Ich habe nichts gegen freie Wochenenden und ein Ende der Arbeit auf dem Markt. Außer den anderen Jungs kann sich wohl kaum jemand vorstellen, wie anstrengend die Arbeit dort tatsächlich ist. Ich dachte bloß, wir könnten das Geld gut gebrauchen. Glaub mir, ich bin bereit, den Fischmarkt ein für alle Mal hinter mir zu lassen. Also reden wir mal übers Geld. Wie stehen wir eigentlich da? Und was ist mit deinen ganzen Aktivitäten?“

„Mir wird plötzlich bewusst, dass ich mir all das aufgehalst habe, ohne dich zu fragen, was du davon hältst. Ich habe es einfach hingenommen, dass man in meinem neuen Job von mir erwartet, das Unternehmen in der Gemeinde zu repräsentieren. Natürlich werde ich auch in Zukunft einiges tun müssen, aber ich bin weit flexibler, als ich mir eingestehen wollte. Es tut mir Leid, dass ich dich nie in meine Entscheidungen mit einbezogen habe.“

„Das ist schon okay, Mary Jane, denn ich denke, deine Gemeindearbeit und meine Arbeit auf dem Markt sind zwei völlig verschiedene Dinge. Mir ging es ums Geld, nicht um die Arbeit. Ich bin reif für eine Veränderung. First Guarantee in der Gemeinde zu repräsentieren aber hat für dich nicht so sehr mit Geld zu tun. Vielmehr geht es dir dabei um deine persönliche und berufliche Entwicklung, denke ich. Oder etwa nicht?“

„Doch, zumindest war das am Anfang so, auch wenn ich mir inzwischen nicht mehr so sicher bin. Ich könnte wohl weniger tun und trotzdem die Herausforderung genießen. Ich muss einfach lernen, Nein zu sagen, wenn die Leute mich bitten, über meinen Erfolg zu sprechen, oder wenn sie mich für diese oder jene gute Sache gewinnen wollen."

„Sieht aus, als hätten wir beide zu wenig über die wesentlichen Dinge gesprochen. Wie wollen wir das in Zukunft halten?"

„Ich sagte schon, ich würde gern über unsere Vision reden. Wenn wir bloß ein Wort finden könnten, das weniger nach Unternehmerjargon klingt. Vision, Mission, Ziele, Werte, alles Messbare, Pläne, Strategien – mit all diesen Begriffen assoziiere ich den Beruf."

„Aber wie wollen wir es dann nennen? Wie bezeichnen wir das, woran wir unser Leben ausrichten wollen?"

„ES."

„Ja. Wie wollen wir *es* nennen?"

„ES."

„Gibt's hier ein Echo?"

„Nein, aber wir hören uns langsam an wie Abbott und Costello in ‚Wer ist der Erste?'."

„Du willst es ES nennen?"

„Warum nicht?"

„Wir nehmen uns vor, ein Leben lang über ES zu reden und darüber, wie wir ES leben sollen?“

„Das hört sich doch gut an. Du fängst an.“

„Okay. Unser ES sollte das Wachstum eines jeden in unserer Familie fördern. Jetzt du.“

„Wir werden uns zwischen mehr Geld und mehr gemeinsam verbrachter Zeit nach der Maßgabe entscheiden, dass es dabei um unser Leben und nicht um ein abstraktes Zeitquantum geht. Die Momente, die wir gemeinsam verbringen, sind eine wertvolle und teure Investition in unser Leben.“

„Vielleicht sollten wir sie als den Rentenfonds unseres ES bezeichnen.“

„Eine gute Idee.“

Lonnie und Mary Jane unterhielten sich noch lange. Sie betrieben eine Art Brainstorming zu ihrem ES. Nie zuvor hatten sie so ernst und ausführlich über etwas gesprochen, und beide stellten fest, dass sie nicht nur ein starker Wunsch beseelte, eine ganz besondere Beziehung zu führen, sondern dass sie auch dazu bereit waren, die dafür notwendigen Gespräche zu führen. Sie zogen neue Kraft daraus, sich endlich hingesetzt und das schwierige Gespräch geführt zu haben, ohne das eine erfolgreiche Beziehung nicht auskommt.

Kurz bevor sie sich umarmten und zu Bett gingen, sagte

Mary Jane: „Ich finde das richtig aufregend, Lonnie. Lass uns all das auflisten, was wir uns von unserem gemeinsamen Leben erwarten. Wir müssen uns im Klaren darüber sein, welche Werte wir haben, und diese Dinge mit FISH! angehen. Weißt du, wir können vielleicht nicht all unsere Probleme lösen. Wir werden Kompromisse machen und Dinge tun müssen, die nicht unsere erste Wahl sind, doch für diese Fälle verfügen wir über eine Geheimwaffe: FISH! Wir können unser Leben jederzeit dadurch verschönern, wie wir tun, was wir sowieso tun müssen."

Welche Vision haben wir
für unser gemeinsames Leben?

Was bauen wir
mit unserer Lebensenergie
zusammen auf?

Lonnie und Mary Jane definieren ihr ES

In den folgenden Wochen diskutierten, debattierten und verfeinerten Lonnie und Mary Jane ihr ES, bis sie eine Liste zusammen hatten, die beiden zusagte.

Unser ES

- Wir werden ein Paar sein, das lieber zu viel als zu wenig kommuniziert. Wir werden uns die Zeit nehmen, so lange über unsere Finanzen, unsere Prioritäten und unsere Ausgaben miteinander zu reden, bis wir sicher sind, dass wir zu einer gemeinsamen Lösung gefunden haben. Wir werden nie gemeinsame Zeit oder Zeit mit der Familie für Geld opfern, ohne vorher darüber gesprochen zu haben, und wir werden nicht mehr einfach davon ausgehen, dass wir die Bedürfnisse und Wünsche des anderen sowieso schon kennen.
- Wir werden FISH! in unser Leben bringen, damit wir selbst in den hektischen Zeiten noch

Spaß haben. Und wenn wir zusammen sind, dann sind wir auch ganz füreinander da.

- Wir werden unsere Beziehung an Dingen ausrichten, von denen wir möchten, dass die Kinder sie von uns lernen.
- Wir werden die Zeit mit Grandma Ida als ein besonderes Geschenk und als die Chance, etwas für jemand anderen zu tun, betrachten. Und wir sind uns bewusst, welche wichtigen Lektionen unsere erweiterte Familie für unsere Kinder bereithält.
- Wir werden uns gegenseitig in unserem Lernen, unserem persönlichen Wachstum und unserer Kreativität fördern.
- Wir wollen uns wieder mehr darauf besinnen, dass ein gesundheitsbewusster Lebensstil jede Mühe wert ist.
- Unser Vermächtnis soll die Art und Weise sein, wie wir unsere Kinder aufziehen.
- Fragen, die wir uns immer wieder stellen sollten, sind:

  Haben wir Spaß? Sind wir wirklich präsent für die Freuden des Lebens? Leben wir im Hier und Jetzt? Geben wir mit unserem Leben ein

Beispiel für unser aller Freiheit, unsere Einstellung selbst zu wählen?

Die „Rentenfonds"-Klausel: Wir werden unseren Kindern beibringen, wie wichtig es ist, für die Zukunft zu planen und vorzusorgen, aber auch, dass es gleichermaßen wichtig ist, jeden Moment ganz und gar zu leben. Durch unser Beispiel wollen wir ihnen zeigen, dass Glück nicht darin besteht, etwas zu haben, sondern darin, etwas zu geben. Glück hat nichts mit der Größe der Pensionsbezüge zu tun, sondern mit der Größe unseres Herzens.

**Entgegen der landläufigen Meinung
können wir nicht alles haben.
Zumindest nicht alles auf einmal.**

**Wir werden bessere Entscheidungen
treffen, wenn wir uns
von unserem ES leiten lassen.**

Hallo, Leben!

An einem Montagmorgen fuhr Mary Jane quer durch die Stadt zu ihrer Ärztin, um die Ergebnisse ihrer jährlichen Vorsorgeuntersuchung abzuholen.

„Mary Jane Ramirez, kommen Sie bitte mit in Untersuchungsraum zwei."

„Danke."

Es dauerte nur eine Minute, bis Linda, die behandelnde Ärztin, bei ihr war, um die Testresultate mit ihr durchzugehen. Linda war eine Ärztin, die wusste, wie man „da ist". Obwohl in ihrer Praxis stets viel los war, wirkte sie niemals gehetzt oder ungeduldig. Mary Jane schätzte es sehr, dass sie sich immer die Zeit nahm, ihren Patienten alles genau zu erklären und ihnen aufmerksam zuzuhören.

„Ihre Testergebnisse sind alle bestens, Mary Jane. Ich denke, ich weiß jetzt, warum Sie in letzter Zeit so müde waren."

„Noch nicht lange verheiratet, zwei Kinder, Beförderung, lange Gespräche am Abend und ein toller, aber anstrengender Job – wahrscheinlich mute ich mir ein bisschen viel zu. Aber tun wir das nicht alle?"

„Ich glaube schon. Mein Jüngster fragte mich neulich, ob ich nicht mal bei ihm einen ‚Hausbesuch' machen könne, nicht immer nur bei meinen Patienten. Ich schätze, das war ein Alarmsignal. Aber ich habe noch eine andere Erklärung entdeckt, weshalb Sie sich in letzter Zeit so häufig erschöpft fühlen."

„Ich weiß. Ich habe ziemlich zugenommen. Doch ich bin wild entschlossen, etwas dagegen zu unternehmen."

„Na ja, vielleicht möchten Sie noch einen weiteren Test machen."

„Was für einen, Linda? Einen von diesen Tests zum Körpermassenindex? Ich weiß auch so, dass ich zu viel wiege."

„Nein, ich dachte eher an einen Schwangerschaftstest."

„Was? Sie machen Witze!"

„Freuen Sie sich nicht? Möchten Sie lieber über Ihr Gewicht sprechen?"

„Nein! Lonnie und ich wollten von Anfang an ein gemeinsames Kind, aber wir wollten der Natur ihren Lauf lassen. Und als nichts passierte, haben wir das Thema irgendwann beendet. Seit über einem Jahr haben wir nicht mal mehr darüber geredet. Überhaupt haben wir viele Dinge ausgeklammert, weil wir so viel um die Ohren hatten."

„Tja, die Natur lässt sich gern Zeit, doch nun hat sie eindeutig ihren Lauf genommen."

„Irgendwie schade, dass ich eben als Erstes daran dachte, ich hätte jetzt eine Entschuldigung für meine Extrapfunde."

„Nun, ich möchte Ihre Freude ja nicht trüben, aber Sie sind ja nicht seit zwei Jahren schwanger."

„Stimmt. Vielen Dank für den dezenten Hinweis", sagte Mary Jane lachend.

„Also, was werden Sie tun?"

„Wow. Na, ich denke, ich werde mir heute freinehmen und nach Hause fahren, um es Lonnie zu sagen, bevor er zur Schule muss."

„Ein guter Plan, Mary Jane. Ach, und übrigens: Herzlichen Glückwunsch!"

Lonnie erfährt die gute Nachricht

Lonnie strahlte vor Freude.

„Das ist ja fantastisch!"

Dann wurde er ernst. „Und wie geht es dir damit, dass unser ES Zuwachs bekommt?"

„Du meinst, du freust dich auf das Baby? Weißt du, das ist eines von den Dingen, über die wir lange nicht mehr gesprochen haben, und deshalb war ich unsicher, wie du reagieren würdest."

Lonnie blickte sie erstaunt an. „Wie konntest du daran zweifeln? Nachdem wir uns für ein Baby entschieden hatten, habe es nicht mehr angesprochen, weil ich weder dich noch mich unter Druck setzen wollte. O Mary Jane! Hast du das denn nicht gewusst?“

„Nein, das wusste ich nicht, Lonnie, aber ich bin sehr froh, dass wir uns jetzt bemühen, mehr zu reden. Irgendwie habe ich das Gefühl, dadurch ein klareres Ziel vor Augen zu haben, so komisch es klingen mag. Wir teilen uns so viel Verantwortung – das Baby, die Kinder, Mom. Wir müssen dafür sorgen, dass etwas zu essen auf den Tisch kommt und wir ein Dach über dem Kopf haben. Und gerade deshalb denke ich, dass die Zeit, die wir damit verbringen, uns über unsere Träume und Hoffnungen klar zu werden, gut investiert ist. Ich wünsche mir, dass wir weiter über unser ES sprechen, denn wie es aussieht, muss es schon wieder aktualisiert werden. Aber jetzt gehst du erst mal in die Schule und genießt jede Minute, die du dort bist. Denk dran, wie hart du jahrelang dafür gearbeitet hast. Wann kommst du nach Hause?“

„Heute habe ich einen vollen Stundenplan, also werde ich kaum vor halb sechs zurück sein.“

„Dann bis halb sechs, Schatz. Heute hat unser Leben eine neue Wendung genommen.“

„Das hat es. Doch um aufs Praktische zurückzukommen: Soll ich uns etwas zum Abendessen mitbringen?“

„Nein, der Kühlschrank ist voll, und außerdem kann es nicht schaden, eine Weile auf Fast Food zu verzichten. Bring nur dich zum Abendessen mit. Und versprich mir, dass wir auch in Zukunft miteinander reden werden."

Mary Jane und Lonnie hielten das Gespräch lebendig. Jeden Tag redeten sie miteinander – so, wie sie nie zuvor geredet hatten.

Mit einem richtigen Gespräch bekennen wir uns zu unserer Beziehung.

Ein Anruf von Brads Lehrerin

Erst zwei Wochen waren vergangen, und schon bemerkte Mary Jane, dass ihr ihre Kleider langsam zu eng wurden. *Ich sollte nachsehen, ob ich noch Umstandskleidung auf dem Boden habe oder ob ich neue kaufen muss. Es wird nicht mehr lange dauern, bis ich welche brauche.*

Es war ein Samstag, und Lonnie war mit Grandma Ida und den Kindern in den Park gefahren. Grandma hatte ihre Fotoausrüstung mitgenommen und verkündet, sie wolle den Kindern beibringen, wie man richtige Bilder macht. Die beiden freuten sich darauf; aber vor allem Lonnie war ganz aus dem Häuschen, denn für Fotografie interessierte er sich schon lange. Allerdings hatte er nie die Zeit gefunden, sich damit zu beschäftigen. Das Telefon läutete.

„Hallo. Hier ist Mary Jane."

„Guten Tag, ich bin Brads Lehrerin, Millie Johnson. Ich hoffe, es macht Ihnen nichts aus, dass ich Sie an einem Samstag anrufe. Unter der Woche sind Sie ja schwer zu erreichen."

„Nein, ganz und gar nicht. Tut mir Leid, dass Sie Schwierigkeiten hatten, mich ans Telefon zu bekommen, Miss Johnson."

„Nennen Sie mich doch bitte Millie. Ehrlich gesagt ziehe

ich es sogar vor, mit den Eltern meiner Schüler am Wochenende zu telefonieren. So vermeide ich die Zettelwirtschaft mit Telefonnummern, denen ich keine Namen zuordnen kann."

„Verständlich. Als Lehrerin sehen Sie die Eltern Ihrer Schüler ja nicht so häufig, da kann ich mir vorstellen, dass es schwer ist, sie immer richtig einzuordnen."

„Manchmal schon, aber an Sie erinnere ich mich sehr gut. Das geht mir mit den Eltern meiner auffälligeren Schüler immer so."

„Autsch. Macht Brad schon wieder Ärger? Ich hatte gehofft, es ginge besser, weil ich lange nichts gehört habe. Wissen Sie noch? Anfangs dachten Sie, er hätte womöglich eine Lernschwäche."

„O ja, aber ehrlich gesagt habe ich diese These längst verworfen. Nein, in jüngster Zeit hat er sich deutlich gebessert. Er scheint eine positivere Einstellung zur Schule zu haben. Ich rufe an, weil ich Ihnen erzählen wollte, was gestern Außergewöhnliches passiert ist. Brad hat etwas Wunderbares getan."

„Was denn?"

„Sie wissen ja, dass wir uns in unserer Schule um die Integration von Kindern bemühen, die normalerweise Sonderschulkandidaten wären. Dieses Jahr kam ein autistischer

Junge in unsere Klasse, was eine ziemliche Herausforderung für alle ist. Carr benimmt sich oft ein bisschen seltsam und beherrscht einige der einfachsten Dinge nicht, zum Beispiel kann er sich nicht selbst die Schuhe zubinden. Die meisten Kinder meiden ihn, was ich durchaus verständlich finde. Auch dass sich einige über ihn lustig machen, ist verständlich, wenngleich ich solch ein Verhalten natürlich nicht billige. Ich war zugegebenermaßen ziemlich ratlos und wusste nicht, was ich tun sollte. Es war ganz schön stressig. Na ja, und dann ist etwas sehr Erstaunliches passiert. Carr lief mal wieder mit seinen flatternden Schnürsenkeln auf dem Schulhof herum, da sprach Brad ihn an und fragte, ob er ihm die Schuhe zubinden dürfe. Carr erlaubte es ihm und schüttelte ihm hinterher die Hand. Dabei lächelte er sogar. Das war ein wundervoller Augenblick. Nach der Pause fragte Brad mich, ob er sich neben Carr setzen dürfe, um ihm zu helfen. Die beiden sind fast so etwas wie Freunde geworden, und Carrs Verhalten hat sich enorm verändert. Er ist freundlicher und weniger auffällig. Sie haben einen großartigen Jungen, Mary Jane. Das wollte ich Ihnen nur sagen."

„Wie nett, dass Sie mich deswegen anrufen. Sie haben mir eine große Freude gemacht. Und dabei dachte ich, Sie würden mir erzählen, dass Brad sich wieder schlecht benommen hat."

„Warum sollte ich?"

„Ja, eben, warum sollten Sie?"

„Ach, und Mary Jane, die anderen Kinder fingen direkt an, sich ein Beispiel an Brad zu nehmen. Ein paar haben erst gelästert, aber Brad ließ sich davon überhaupt nicht aus der Fassung bringen. Mittlerweile haben auch die meisten anderen damit angefangen, sich mehr um Carr zu kümmern. Die Klasse ist wie ausgewechselt. Ich möchte mich einfach bei Ihnen bedanken, dass Sie so einen tollen Jungen haben. So, und nun habe ich Sie lange genug aufgehalten. Ich wünsche Ihnen ein schönes Wochenende."

„Danke. Das wünsche ich Ihnen auch."

Mary Jane rief Lonnie an, um ihm von dem Gespräch zu erzählen. Am Abend dieses Tages ging sie zu Brad und ließ sich von ihm genau berichten, wie schwer es gewesen war, den ersten Schritt auf Carr zuzutun, und wie gut es sich nun anfühlte, es getan zu haben.

Wir können unseren Kindern nicht nur unsere bedingungslose Liebe schenken.

Unser größtes Geschenk an sie ist es,
ihnen zu zeigen,
dass sie frei sind zu wählen.

Endlich kommt das Gewicht zur Sprache

Lonnie und Mary Jane frühstückten spät. Brad und Sarah waren schon vor einer Stunde zur Schule gegangen, und Grandma war im Seniorenzentrum, das nur zwei Querstraßen von ihrem neuen Zuhause entfernt war. Lonnie musste heute Morgen weder in die Schule noch ins Krankenhaus, und Mary Jane hatte beschlossen, sich wegen ihrer heftigen Morgenübelkeit den Tag freizunehmen. Also genossen sie beide die unverhoffte Gelegenheit, einfach zusammenzusitzen und zu reden. Sie lebten ihr ES.

„Mary Jane, du hast neulich etwas gesagt, auf das ich nicht vorbereitet war. Ist dir an mir in letzter Zeit eine Veränderung aufgefallen?"

„Du siehst mit jedem Tag besser aus."

„Das natürlich auch. Sonst noch was?"

„Du warst für mich da, als ich dich am meisten brauchte."

„Danke, Schatz. Hast du außerdem bemerkt, dass mein Hosenbund mir den Bauch einschnürt und ich beim letzten Gürtelloch angekommen bin?"

„Nein, ehrlich gesagt nicht. Ich habe vor allem gemerkt, dass *ich* einiges an Gewicht zugelegt habe. Ich war richtig erleichtert, als ich wenigstens einen Teil davon auf die Schwangerschaft schieben konnte. Du nimmst wahrscheinlich zu, weil du nicht mehr auf dem Fischmarkt arbeitest. Dein Job dort war Knochenarbeit, und jetzt sitzt du den ganzen Tag in der Schule, statt auf den Beinen zu sein."

„Das könnte ein Grund sein. Trotzdem muss ich sagen, dass es mich enorm stört. Seidem das Baby unterwegs ist und wir uns einiges für unser ES vorgenommen haben, denke ich häufiger über unsere Gesundheit nach. Jedes Mal, wenn wir über zentrale Werte sprechen, steht die Gesundheit ganz oben auf unserer Liste. Man könnte beinahe sagen, sie ist der Kern unseres ES. Wir sind uns beide einig, dass Gesundheit etwas ist, das wir einander, den Kindern und uns selbst schuldig sind. Es ist unsere Art, unsere Dankbarkeit für dieses wundervolle Leben zu zeigen.

Na ja, und neulich hörte ich zufällig, wie du mit Janell über eine Diät sprachst, die sie dir empfahl. Irgendetwas mit Fisch. Kannst du sie anrufen und fragen, was es genau mit dieser Diät auf sich hat? Wenn sie nämlich eine weiß, die wirklich funktioniert, möchte ich sie gern ausprobieren – jedenfalls solange es sich nicht um etwas Abgedrehtes handelt. Ich hoffe nur, man muss sich dabei nicht auf Lachs beschränken. Ich denke nicht, dass ich das durchhalten könnte, wo ich doch den Tieren jahrelang in die Augen gesehen habe."

„Doch nicht so ein Fisch, du Dummkopf. Unser FISH!"

„Das verstehe ich nicht. Alles, was ich weiß, ist, dass ich es gar nicht mag, wenn meine Hose kneift, und eine Nummer größer zu kaufen käme mir vor, als würde ich das Handtuch werfen. Ich war mein Leben lang schlank. Das hier ist neu für mich."

„Ich werde Janell heute anrufen und mir genau erklären lassen, wie die Diät funktioniert. Ich wollte sie sowieso um ein paar Tipps für mich bitten. Das ist also ein guter Anlass."

Die FISH!-Diät

Janell und Mary Jane trafen sich in der Eingangshalle von First Guarantee und gingen gemeinsam zu „Eddy's" zum Mittagessen. Sie hatten es so arrangiert, dass sie eine längere Mittagspause einlegen konnten.

„Letztens sagtest du, du würdest dein Gewicht halten, ohne dich ausschließlich von Karotten zu ernähren. Darüber würde ich gern Genaueres wissen. Lonnie übrigens auch. Die Kalorien, die er früher auf dem Markt verbrannt hat, fangen nämlich an, einen Ring um seine Hüfte zu bilden. Den Kampf gegen die Pfunde zu gewinnen ist Gold wert, Janell, aber mir würde es schon reichen, wenn ich während der Schwangerschaft nicht zu viel zulege und nach der Geburt schnell wieder abnehme. Also erzähl mal. Hast du eine neue Geheimdiät? Wenig oder ganz viel Eiweiß, wenig oder ganz viel Fett, wenig oder ganz viele Kohlehydrate, nur Gemüse, nur Obst, literweise Wasser, vorm Mittagessen nur Radieschen oder was?“

„Weder noch, Mary Jane. Mein Plan für gesunde Ernährung hat weniger mit Essen zu tun.“

„Hör mal, Janell, mein gegenwärtiger Körpermassenindex sagt mir, dass ich zum ersten Mal in meinem Leben fettleibig bin. Also, was meinst du damit, du würdest dich weniger mit Essen befassen?“

„Na, wie ich sagte, meine Ideen haben mit Essen wenig zu tun.“

„Eine Fastenkur. Ganz was Neues! Oh, entschuldige, ich werde sarkastisch.“

„Kommen wir zur Sache. Was weißt du über die Erfolgsquote der meisten Diäten?“

„Man nimmt ab und hinterher wieder mehr zu, als man losgeworden ist. Danach fühlt man sich wie ein Verlierer – allerdings nicht in dem Sinne, den man sich erhofft hatte.“

„Genau. Das trifft auf fünfundneunzig Prozent der Leute zu, die eine Diät machen. Aber kommen wir auf das zurück, was du vorher sagtest. Nämlich dass die meisten Diäten funktionieren, zumindest für eine Weile. Denk einmal nach. Nicht alle Diäten sind gesund, aber die meisten funktionieren. Wir alle wissen, was man tun muss, um abzunehmen. Ich denke, die Antwort liegt also nicht in dem, was du tust – denn du müsstest schon auf dem Mars leben, um nicht zu wissen, wie man es anstellt. Wir beide wissen wahrscheinlich mehr über gesunde Ernährung, als wir über den Stoff wussten, den wir fürs Examen büffeln mussten. Ich glaube, die Lösung liegt vielmehr in der Antwort auf die Frage, ‚wer du bist', während du dich ernährst, wie du dich nun einmal ernährst. Und mit dieser Frage sind wir wieder bei FISH! angelangt."

„Aber brauchst du nicht auch irgendeine Diät? Du weißt schon – ein paar Regeln."

„Ich habe schon einen kleinen Spickzettel, auf dem ein paar Grundregeln stehen. Eine Liste mit Dingen, die wir über Ernährung und gesunde Lebensweise wissen. Ich würde allerdings alle Extreme ausklammern, denn Extreme hält man nicht über längere Zeit durch. Hast du Lust, diese Punkte mit mir durchzugehen – sozusagen als meine erste Schülerin? Vielleicht macht es ja Spaß; außerdem wollte ich meine Gedanken schon immer etwas gründlicher ausarbeiten. Das wäre doch *die* Gelegenheit!"

„Nur zu – in Lonnies und meinem Namen."

Mary Jane holte ihr Tagebuch aus der Tasche und begann, sich Notizen über Gewichtsverlust und eine gesunde Lebensführung zu machen, während sie mit Janell spontane Einfälle dazu sammelte.

Gesunde Gewichtskontrolle: Was zu tun ist

1. Treibe fünf oder sechs Tage die Woche jeweils mindestens 30 Minuten Sport.
2. Absolviere ein- oder zweimal wöchentlich ein Krafttraining.
3. Nimm im Supermarkt vor allem die Gänge, wo die frischen Lebensmittel zu finden sind.
4. Rechne mit gelegentlichen Rückschlägen oder Durchhängern, denn das ist normal.
5. Frühstücke jeden Morgen.
6. Iss fünf- bis sechsmal täglich und achte dabei auf die Ausgewogenheit von Proteinen und möglichst zuckerarmen Kohlehydraten, damit der Energiespiegel über den Tag hinweg möglichst konstant bleibt. (Du weißt, was du essen darfst.)
7. Iss nichts, was gehärtete Fette enthält. Ziehe „schlechten" Fetten (du weißt, welche das sind) gute vor, wie sie etwa in Fisch oder Rapsöl enthalten sind.
8. Wiege dich häufig und führe ein Gewichtsprotokoll.
9. Verwöhne dich hin und wieder mit einer kleinen Portion von deinem Lieblingsessen. Du willst dich schließlich gesund ernähren und nicht quälen.
10. Schaffe genug Gelegenheiten, dich auch zwischendurch

zu bewegen, etwa indem du weiter weg vom Büro parkst oder die Treppe benutzt anstelle des Aufzugs.

11. Überleg dir genau, welche Nahrungsmittel über deine Schwelle kommen sollen.
12. Verbring deine Zeit mit der Familie nicht nur im Sitzen, sondern legt öfters mal eine Fahrradtour oder einen Spaziergang ein.

„Das hat Spaß gemacht. Es ist wirklich erstaunlich, wie viel wir über das Thema wissen, nur weil wir bewusst leben. In jeder Zeitschrift gibt es eine Rubrik über Gesundheit und Ernährung. Im Fernsehen laufen ein- oder zweimal jährlich im Morgenprogramm ganze Sendereihen darüber. Im Grunde kennen wir uns praktisch perfekt darin aus."

„Ja, aber die Liste ist ja auch nur für diejenigen gedacht, die sie brauchen", fügte Janell hinzu. „Im nächsten Teil wird es darum gehen, was eine Diät erst richtig effektiv macht. Und da du mich darauf gebracht hast, welches der wichtigste Punkt bei der Gewichtskontrolle ist – die ich seit fünf Jahren mit Erfolg betreibe –, werde ich dich raten lassen, was jetzt kommt."

„Hat es etwas mit den kleinen Tierchen zu tun, die im Meer schwimmen?"

„Bingo! Das Geheimnis des Durchhaltens einer Diät liegt

nicht so sehr darin, was du tust, als vielmehr darin, wer du bist, während du es tust. Und in dieser Beziehung bist du die Expertin. Versuch es mal, wir werden später unsere Notizen vergleichen. Ich überlasse dich jetzt deinem Tagebuch. Grüß Lonnie von mir. Bis bald."

Gesunde Gewichtskontrolle: Ein Lebensstil

„Lonnie, ich habe mit Janell übers Abnehmen gesprochen. Schon während unseres Gesprächs sind mir eine Menge Dinge klar geworden. Hast du gerade ein bisschen Zeit dafür?"

„Machst du Witze? Mir schnürt der Gürtel fast den Bauch ab. Rette mich!"

„Wir gehören zur wohl ernährungsbewusstesten Generation aller Zeiten. Wir wissen mehr über Diäten und verfügen über ein größeres Nahrungsmittelangebot als alle früheren Generation. Und zugleich sind wir die schwerste Generation – und wir werden jeden Tag noch schwerer! Janell und ich waren uns darin einig, dass das Wichtigste für eine gesunde Gewichtskontrolle nicht das Abnehmen selbst ist – es ist das Halten des Wunschgewichts. Sich schnell möglichst viel herunterzuhungern, nur um die verlorenen Pfunde gleich wieder zuzunehmen, tut niemandem gut – vielmehr gibt es uns eher das Gefühl, versagt zu haben. Also dachten wir, wir sollten besser erst eine Liste mit den Elementen sinnvoller Gewichtskontrolle anlegen, bevor wir überlegen, wie wir sie umsetzen und langfristig durchhalten. Eigentlich wissen wir alle eine Menge übers Abnehmen, und nicht wenige von uns haben schon so manches Dutzend Pfunde abgespeckt. Was wir allerdings noch nicht wissen, ist, wer wir ‚sind', während wir abnehmen. Wir wissen, wie man es macht, aber nicht, wie man es auch ‚ist'. Genau hier kommt die FISH!-Philosophie zum Tragen. Doch bevor wir darauf näher eingehen, lass mich dir zeigen, was bei unserem Brainstorming herausgekommen ist."

Mary Jane ging ihre Liste mit Lonnie durch.

„Das mit dem ‚Verwöhne dich' gefällt mir am besten. Ihr habt Recht. Es ist erstaunlich, wie viel wir über gesunde Ernährung wissen. Aber wo kommt die FISH!-Philosophie ins Spiel?"

„Das lässt sich nicht pauschal sagen. Jeder muss es für sich selbst herausfinden."

„Ich dachte, es wäre ganz einfach!"

„Das ist es eigentlich auch. Janell meinte, ich wäre eine FISH!-Expertin. So gesehen, bist du erst recht Fachmann auf diesem Gebiet. Lass es uns zusammen angehen. Fangen wir mit ‚Spiele' an."

Mit Spielen bleibt das Leben interessant

„Wir können ein Spiel aus dem Abnehmen machen", sagte Lonnie, „und Spaßpunkte vergeben und Preise verleihen. Das Ganze einfach witzig gestalten. Ich stelle mir eine Punktekarte vor, die wir an die Kühlschranktür kleben. Und dass die ganze Familie mitmacht."

„Außerdem könnten wir ein paar neue Sportarten ausprobieren", fügte Mary Jane hinzu. „Ich könnte Inlineskating lernen, damit wir alle etwas gemeinsam machen können. Das wollte ich schon immer versuchen."

„Und ich wollte immer tanzen lernen. Wir könnten uns für einen der Tanzkurse einschreiben, die das Gemeindezentrum anbietet. Und dann gehen wir öfter mal tanzen."

„Ich tanze für mein Leben gern, Lonnie, aber ich dachte, dich interessiert es überhaupt nicht. Und jetzt erzählst du mir, du kannst es einfach nur nicht!"

„Tja, ich denke, der Plan bewährt sich schon jetzt. Wenn man bedenkt, dass du deinen Abschluss in Kommunikationswissenschaften gemacht hast, war unsere Kommunikation bisher ziemlich bescheiden, was?"

Richtige Gespräche sind die Bausteine jeder Beziehung.

Beziehungen sind die Eckpfeiler des Lebens.

„O ja, daran musste ich in dieser Woche auch schon oft denken. Aber jetzt lass uns weitermachen."

„Wir könnten einen von diesen geländegängigen Kinderwagen für den Kleinen kaufen, dann können wir auch mit ihm zusammen laufen."

„Für ‚den Kleinen'?"

Lonnie grinste und zuckte mit den Schultern. „Wir sollten die ganze Sache vor allem locker angehen, nicht zu ernst. Bei allem, was wir tun, muss der Spaß im Vordergrund stehen."

„Das ist schon mal ein guter Anfang. Und wie steht's mit ‚Bereite anderen Freude'?"

Anderen Freude zu bereiten kann spannend sein

„Wir könnten uns Möglichkeiten ausdenken, wie wir uns gegenseitig belohnen", meinte Lonnie.

„Wir suchen zum Beispiel nach Zitaten oder Sprüchen, die uns aufbauen, und überraschen damit den anderen."

„Und wir erinnern einander immer wieder daran, welche Ziele wir uns gesetzt haben, und fragen, ob die anderen unsere Hilfe brauchen."

„Wir können einen Sparplan aufstellen, und wenn wir einen bestimmten Betrag erreicht haben, treten wir dem Gesundheitsclub hier im Viertel bei."

Wer ist man,
während man tut, was man tut?

Da sein: Ein wesentlicher Erfolgsfaktor

„Lonnie, ich habe viel darüber nachgedacht, was ‚Sei präsent' und ‚Wähle deine Einstellung' in Bezug auf gesunde Ernährung bedeuten. Ich glaube, der Erfolg des Abnehmens hängt zu einem Großteil davon ab, den Moment bewusst zu leben und die richtige Einstellung zu wählen."

„Ich bin nicht sicher, ob ich dir da folgen kann."

„Nun, nehmen wir zum Beispiel ‚Sei präsent'. Nach meinem Gespräch mit Janell saß ich noch eine Weile im Bistro, um Notizen zu machen. Ich dachte an die Zeit, als ich mich schlecht ernährte und es wusste. Sieh dir mal an, was ich aufgeschrieben habe."

Worte, die mich am besten beschreiben, wenn ich mich schlecht ernähre und es weiß:

- emotional
- besorgt
- hektisch
- nervös
- voller Selbstmitleid
- abgehetzt
- wütend
- frustriert

- verletzt
- verdrängend
- häufig Medikamente konsumierend

„Nehmen wir beispielsweise ‚besorgt'. Angst und Sorge verschwinden in dem Augenblick, da Tun und Sein ineinander fließen. Man ist immer dann ängstlich oder besorgt, wenn man sich körperlich an einem Ort befindet und etwas tut, während man in Gedanken ganz woanders ist. Die Angst verschwindet, sobald man richtig da ist und den Moment bewusst lebt. Darum geht es doch bei ‚Sei präsent'. Das ist der Schlüssel."

„Ich verstehe, was du meinst."

„Wenn man nervös ist, ist man nicht präsent. Wenn man abgehetzt ist, ist man nicht präsent. Wenn man in Selbstmitleid schwelgt, ist man nicht präsent. Und wenn man frustriert ist, lebt man in der Vergangenheit und in der Zukunft, nicht aber in der Gegenwart. Erkennst du das Muster? Was wir Frustessen nennen, ist im Grunde nur unbewusstes Essen. Und Frustessen kann es nicht geben, solange man wirklich präsent ist. Frust tritt meist infolge von Dingen ein, die passiert sind oder von denen man fürchtet, sie könnten geschehen. Kompensiert man diesen Frust durch Essen, dann isst man in der Gegenwart, während man eigentlich in der Vergangenheit oder der Zukunft ist. Bringt man aber Tun und Sein zusammen, so kann dieser Frust gar nicht entstehen: Man lebt ja bewusst. Leuchtet dir das ein?"

„Und ob. Wir sollten ‚präsent sein' zu einer Disziplin erheben und auf diese Weise unnötige Sorgen und Ängste ausschalten, zumindest während wir essen. Denken wir uns also Wege aus, wie wir beim Essen wirklich präsent sein können."

„Wenn uns Essensgelüste überkommen, rufen wir uns bewusst in die Gegenwart zurück."

„Dabei müssen wir uns gegenseitig unterstützen, und zwar rund um die Uhr. Allerdings nicht als Kritiker, sondern als Partner."

„Worin liegt denn da der Unterschied?"

„Na ja, als Kritiker oder Urteilender würde man sagen: ‚Bist du sicher, dass du das essen willst?' Als Partner hingegen sagt man: ‚Bist du wirklich in der Gegenwart?' Jeder muss für sich die natürliche Energie aufbringen, um am Ball zu bleiben, aber wir können uns auch gegenseitig helfen, bewusster zu leben und zu essen."

„Und wir sollten häufiger darüber sprechen, was wir unseren Kindern vorleben möchten, und sie in unsere Gespräche über ein gesundheitsbewusstes Leben einbeziehen."

„Vielleicht fangen wir damit an, dass wir beim Essen den

Fernseher abstellen und das Telefon aushängen. Wir setzen uns gemeinsam an den Tisch, lassen uns Zeit und unterhalten uns beim Essen. Außerdem sollten wir uns darüber im Klaren sein, dass wir durch das Zeitunglesen beim Essen auch die Probleme der Welt mit an den Tisch holen."

Wähle deine Einstellung: Die Energiequelle

„Ich habe zwei Zeilen aus einem Gedicht von Mary Oliver wieder entdeckt, mit denen, wie ich finde, unsere Einstellung hervorragend beschrieben ist. Mir ist Folgendes aufgefallen: Wenn ich nach unten gehe, um das Laufband zu benutzen, dann benutze ich es auch; oder wenn ich meine Laufschuhe anziehe, dann gehe ich tatsächlich raus und laufe. Mary Oliver schreibt: ‚Eines Tages endlich wusstest du, was du zu tun hattest, und fingst an.'"

„Damit hast du den Nagel auf den Kopf getroffen, Schatz. Es geht vor allem darum, den ersten Schritt zu machen. Irgendjemand hat mir mal gesagt, dass man ein Projekt auch zu Ende bringt, wenn man es nur erst einmal angefangen hat. Die Schwierigkeit besteht darin, den ersten Schritt zu tun. Wir wählen die Einstellung, die wir brauchen, um den Anfang zu machen. Wir entscheiden frei, ob wir etwas beginnen oder nicht. Aber ich habe noch einen anderen Vorschlag,

Mary Jane. Warum ernennen wir uns nicht zu Studenten des gesunden Lebensstils? Wir können mit der Einstellung von Lernenden an die Sache herangehen."

„Damit bin ich sehr einverstanden. Und nun lass uns eine Runde spazieren gehen. Das kann ich ja noch."

„Das wäre wirklich schön."

„Und genau darum geht's, Schatz."

„Sollen wir anfangen?"

„Sobald ich meine Schuhe anhabe."

Jede *gesunde* Diät, die auf der natürlichen Energie der FISH!-Philosophie aufbaut, ist eine FISH!-Diät.

In den nächsten Wochen arbeiteten Lonnie und Mary Jane für sich einen Lebensstil aus, der auf Gesundheit und Lebensfreude fußte. Sie gaben sich viel Mühe, ihr Programm möglichst einfach zu halten, und bedienten sich dessen, was ihre FISH!-Erfahrungen sie gelehrt hatten. Sie waren sich einig, dass eine kleine Liste von Dingen nötig wäre, die sie unbedingt tun müssten, es jedoch noch wichtiger war, immer wieder darüber nachzudenken, „wer sie waren", während sie diese Dinge taten.

Sie bewahrten ihre beiden Listen oben im Arbeitszimmer auf und tauschten sich über Lesematerial, Ideen und Erkenntnisse aus. Lonnie begann, während der Mittagspause zum Fitnesstraining in die Turnhalle auf dem Campus zu gehen, und immer häufiger sprach er andere Leute darauf an, was sie taten und warum und wer sie waren, wenn sie es taten. Diese Gespräche wurden zu einer wahren Quelle der Inspiration, und mit der Zeit wurde daraus ein wahrer Fundus von Informationen.

Die Entbindungsstation

Lonnie und Mary Jane saßen Hand in Hand in einem Krankenzimmer und warteten darauf, dass Mary Janes Muttermund sich endlich auf fünf Zentimeter weitete.

„Wie geht es dir?“

„Wenn du mich fragst, ich wäre jetzt so weit. Eigentlich sollte ich dieses Wehenveratmen nutzen, um einen neuen Rekord im Luftballonaufblasen aufzustellen.“

„Ich bin froh, dass du immer noch Witze machen kannst.“

„Liebst du mich?“

„O ja, ich liebe dich.“

Eine Schwester kam herein und warf einen Blick unter die Bettdecke.

„Na, dann wollen wir mal. Showtime, Leute.“

Lonnie war auf alles gefasst, und so folgte er der Schwester und Mary Jane ein wenig ängstlich in den Kreißsaal. Vier Stunden später waren sie wieder zurück und bewunderten die schlafende kleine Beth Ann. Sie hielten sich bei den Händen, dachten daran, wie wundervoll manche Momente sein konnten, und schworen sich, für noch viel mehr solcher Momente in ihrem Leben offen und präsent zu sein.

FISH! leben

Wir alle wünschen uns eine Beziehung, die uns jene Stärke und Zuversicht verleiht, die wir selbst uns nicht geben können. Wir möchten eine Zweisamkeit in unserem Leben schaffen, die mehr ist als eins plus eins. Es gibt eine besondere Form von Glück, die wir nur zu zweit erfahren können. Oft stellen wir uns den idealen Lebenspartner folgendermaßen vor:

- Er ist jemand, mit dem man die kleinen Wunder des Lebens teilen kann: einen Sonnenuntergang, die zaghaften ersten Schritte eines Kindes oder ein Gedicht.
- Er bietet uns eine Schulter zum Ausweinen, wenn uns das Leben zu viel wird, und eine Stimme, die uns in Zeiten des Zweifels an die großen Möglichkeiten der Zukunft erinnert.
- Er ist unser bester Freund.
- Er kennt uns mit allen Ecken und Kanten und liebt uns trotzdem.
- Er ist unser Geliebter, mit dem Sex eine wichtige, nicht aber die einzige Form der Intimität ist.
- Er ist jemand, der uns in den Arm nimmt, wann immer wir es brauchen.

Jemanden zu haben, mit dem man sein Leben teilt, ist vielleicht nur eines von vielen universellen Bedürfnissen. Dabei ist die Begegnung mit Mr. oder Mrs. Right nur die eine Seite der Gleichung. Glückliche „Vernunftehen" beweisen uns jeden Tag, dass es auch anders gehen kann.

Es gibt eine alte Weisheit, wie man jede Beziehung stärken und jede starke Beziehung auf ungeahnte Gipfel führen kann. Diese Weisheit hat über die Jahrhunderte viele unterschiedliche Namen bekommen. Wir nennen sie die FISH!-Philosophie und erkennen, dass sie mit dem Bekenntnis zu einem klaren Ziel nicht endet, sondern erst beginnt – mit dem Bekenntnis zu FISH!.

Am Beginn einer jeden Beziehung steht das Bekenntnis zu einem gemeinsamen Ziel.

Ein Leitfaden für das Leben mit FISH!

Man hat mir erzählt, dass die FISH!-Bücher häufig von Arbeitsgruppen verwendet werden. Ich begrüße eine solche Nutzungsform sehr und möchte sie mit diesem Buch unterstützen. Das nachfolgende Material ist für Gespräche zwischen Partnern, in der Familie oder in Lesegruppen vorgesehen, dient aber gleichermaßen zur individuellen Reflexion für jeden, der seine Gedanken vertiefen möchte.

Ich hoffe, der Leitfaden wird den Lesern helfen, die FISH!-Philosophie auf kreative Weise in ihr Leben zu integrieren. Ob man ein bisschen mehr Spaß ins familiäre Zusammenleben bringen will, Wege sucht, den Menschen, die einem nahe stehen, Freude zu bereiten, oder den Enkelkindern ein paar schöne Erinnerungen mit auf den Weg geben möchte – dieser Leitfaden ist dafür genau richtig. Welchen Gewinn man daraus zieht, kann von Fall zu Fall variieren. Es kann sich dabei um die tiefere Einsicht handeln, dass das Leben aus einer Aneinanderreihung von Momenten besteht, in denen man entweder präsent ist oder nicht. Vielleicht ist es aber auch die Erkenntnis, dass unser Leben sich danach bemisst, wie sehr wir darin präsent sind.

Aber auch wenn man die Basis verändern wollte, auf welcher die Familie oder eine bestimmte Beziehung aufbaut, kann der Leitfaden eine wertvolle Hilfe sein.

Geht es um familiäre Dinge, so kann es gut sein, dass einem plötzlich das größte Vermächtnis klar wird, das man seinen Kindern hinterlassen kann: Es besteht darin, ihnen zu zeigen, dass sie sich im Leben frei entscheiden können. Wer das Buch mit einem Lebensgefährten, Ehepartner oder Freund durcharbeitet, entscheidet sich damit bewusst für den Aufbau einer echten Beziehung.

Es gibt keine bessere Methode, die unendliche Macht der Integrität zu erkennen, als die, die eigene Einstellung bewusst zu wählen. Sobald wir begreifen, dass wir die Einstellungen, mit denen wir an die Dinge herangehen, auch selbst wählen, öffnet sich eine Tür, die so schnell nicht wieder zufallen wird.

Natürlich lassen sich die FISH!-Elemente am besten vermitteln, indem man sie anderen vorlebt und die eigenen Entscheidungen im ehrlichen Gespräch diskutiert.

Zum Hintergrund der FISH!-Philosophie

Die FISH!-Philosophie findet sich in angenehmen und produktiven Arbeitsumfeldern, in Familien und Beziehungen rund um den Globus. So bildete sie beispielsweise bei Southwest Airlines den Grundstock für mehr als fünfundzwanzig sehr erfolgreiche Jahre. Auch wenn sie dort nicht so genannt wird, spiegelt sie sich doch in der eindrucksvollen Unternehmenskultur wider.

Die Grundelemente der FISH!-Philosophie wurden erstmals in dem Buch *FISH!* formuliert. Sie lauten „Spiele", „Bereite anderen Freude", „Sei präsent" und „Wähle deine Einstellung". Diese Bezeichnungen haben sich die Dokumentarfilmer von ChartHouse Learning ausgedacht, während sie das Filmmaterial vom Fischmarkt auswerteten.

Inzwischen sind die vier Grundelemente zu einem Standard geworden, nach dem sich die Lebensqualität an jedem Arbeitsplatz einschätzen lässt – ob es sich dabei nun um eine Schule, ein Callcenter, ein Krankenhaus, eine Bank, eine Fabrik, einen Fischmarkt oder eine Versicherungsgesellschaft handelt. Die richtige Kombination garantiert ein großartiges Arbeitsumfeld, selbst wenn die Arbeit an sich nicht gerade vergnüglich ist.

FISH! spezifizieren: Die richtige Zusammensetzung

Die folgenden Fragen dienen dazu, über die FISH!-Philosophie ins Gespräch zu kommen. Gehen Sie einfach der Frage nach, die Sie am ehesten anspricht, und folgen Sie ihr, wohin immer sie Sie führen mag. Denken Sie immer daran, dass die FISH!-Philosophie etwas ist, das Sie entdecken müssen, um die Energie freizusetzen, die Sie brauchen, wenn Sie die Dinge wirklich ändern wollen. Die besten Einstellungen, mit denen man eine solche Diskussion angeht, sind: Hoffnung, Neugier, Staunen und Offenheit.

Spiele: Sei unbeschwert in allem, was du tust.

- Wie kann ich zu einer unbeschwerten Atmosphäre beitragen?
- Klingt in meiner Stimme ein Lächeln mit?
- Haben wir in unserer Familie Spaß? Wann?
- Legen wir Wert darauf, zusammen Spaß zu haben?
- Haben wir mit Freunden Spaß?
- Wie reagieren wir auf jemanden, der immerzu ernst ist?
- Sind wir fähig, Dinge nicht zu ernst zu nehmen, die es nicht wert sind?
- Können wir etwas ernst nehmen, ohne uns selbst dabei allzu ernst zu nehmen?

– Benutzen wir Unbeschwertheit als ein Mittel, richtige Gespräche zu vermeiden? (Spiel kann bisweilen übertrieben und zur Flucht vor schwierigen und wichtigen Gesprächen missbraucht werden.)
– Nehmen wir die natürliche Freude im Leben wahr?

Bereite anderen Freude: Ein großes Geschenk ist die Gabe des positiven Engagements.

– Wem möchte ich heute eine Freude bereiten?
– Wann hat mir zuletzt jemand eine Freude bereitet?
– Inwiefern kann mein Lebensstil für andere eine Quelle der Inspiration sein?
– Wenn mein Leben anderen als Beispiel dienen sollte: Welches wäre die erste Lektion, die sie daraus lernen?
– Welche Erinnerungen habe ich meinen Kindern heute mit auf den Weg gegeben?
– Wie kann ich heute jemand anderem den Tag verschönern?
– Wen bemerke ich überhaupt nicht, obwohl er in meiner Welt lebt?
– Wie kann ich denjenigen, die sich in meinem Leben eher im Hintergrund abmühen, besondere Aufmerksamkeit schenken? (Die Menschen, die unsere Lebensqualität heben, indem sie dafür sorgen, dass die Böden sauber sind,

die Straßen sicher und genug Lebensmittel in den Regalen, haben hier und da ein freundliches Wort verdient.)

- Was trage ich dazu bei, dass diese Welt ein besserer Ort wird?
- Woran werden sich meine Kinder und Enkel aus der Zeit mit mir erinnern? (Sie wissen nie, wann Sie eine Erinnerung schaffen, aber Sie können sehr wohl wissen, wann Sie FISH! sind.)

Sei präsent: Die erstaunlichsten Dinge können geschehen, wenn Sie lernen, wirklich da zu sein, wo Sie gerade sind.

- Wo bin ich gerade? Wo sind meine Gedanken? Was geht mir durch den Kopf?
- Befinden sich mein Körper und mein Verstand am selben Ort?
- Woran möchte ich denken?
- Was geschieht, wenn ich mich entscheide, „da zu sein“?
- Bin ich an einem Ort und tue eine Sache auf einmal oder versuche ich, mehrere Dinge gleichzeitig zu machen?
- Stimmt es, dass ich mehrere Aufgaben bewältigen und trotzdem nur eine Sache auf einmal tun kann?
- Wissen die Menschen um mich herum, dass ich in Gedanken woanders bin?
- Was halte ich von Brads Erkenntnis, dass seine Großmutter

es lieber hat, wenn er sich zu ihr setzt, statt sich stehend mit ihr zu unterhalten? Habe ich schon einmal Ähnliches erlebt?

– Wie können wir uns gegenseitig darin bestärken, im Hier und Jetzt zu leben?

Wähle deine Einstellung: Die Haltung, die Sie jetzt einnehmen, ist die, für die Sie sich entscheiden. Überlegen Sie sich Ihre Entscheidung gut, denn Ihr Leben hängt davon ab.

– Mit welcher Haltung/welchen Haltungen gehe ich am liebsten an die Dinge heran?

1. ______________________________

2. ______________________________

3. ______________________________

– Mit welcher Einstellung gehe ich am häufigsten an die Dinge heran?

1. ______________________________

2. ______________________________

3. ______________________________

– Mag ich diese Einstellungen?

– Wie ändere ich meine Einstellungen?

- Erinnere ich mich auch regelmäßig daran, dass ich meine Einstellung überprüfen sollte?
- Kann ich meine Einstellung kurzfristig ändern?
- Gehe ich mit vorgefertigten Einstellungen an Dinge heran?
- Trenne ich Gefühle und Einstellungen?
- Welche Methoden kenne ich, eine falsche Einstellung abzulegen?
- Welche Einstellungen bei anderen lassen mir die Haare zu Berge stehen?

Allgemeine Fragen

Im Folgenden finden sich einige allgemeine Fragen, durch die man leichter mit den Menschen, die einem nahe stehen, ins Gespräch kommen kann. Sie sind als Anregungen gedacht und können in beliebiger Reihenfolge erörtert werden. Vielleicht möchten Sie sie auch einfach nutzen, um sich über Ihre eigenen Fragen klar zu werden. Denken Sie daran, dass richtige Gespräche nach Ehrlichkeit und Konsequenz verlangen. Wir reden hier nicht über Klatsch und Tratsch oder Smalltalk. Die Gespräche, die hier gemeint sind, sollen das Fundament zu einer festen Beziehung legen und erfordern daher Mut, Mitgefühl und Offenheit. Nehmen Sie sich vor, einmal pro Woche ein offenes Gespräch mit den Menschen zu führen, die Ihnen wichtig sind.

– Was bedeutet es für uns, ein ehrliches und tiefes Gespräch zu führen?
– Gibt es Themen, die wir bisher immer gemieden haben?
– Was ist unsere Vision von Familie, Partnerschaft oder Freundschaft?
– Verstehen wir unser ES?
– Tut unser ES uns gut?
– Was schaffen wir gemeinsam mit unserem Leben?
– Wie können wir uns gegenseitig helfen, präsent zu sein?
– Welche Einstellungen wollen wir in unserem gemeinsamen Leben haben, und wie können wir dafür sorgen, dass sie tatsächlich da sind?
– Welche sieben Grundwerte bilden den Kern des Lebens, das wir gemeinsam aufbauen?
– Listen Sie sie auf:

1. ______________________________

2. ______________________________

3. ______________________________

3. ______________________________

4. ______________________________

5. ______________________________

6. ______________________________

7. ______________________________

– Definieren Sie die Präsenz und Ausprägung dieser Werte in Ihrem Leben.
– Entspricht ihre Präsenz und Ausprägung Ihren Vorstellungen? Wünschen Sie sich, einzelne dieser Werte wären mehr oder weniger stark vertreten?
– Besprechen Sie die Ziele für das nächste Jahr/die nächsten sechs Monate/den nächsten Tag.
– Gehen Sie noch einmal durch, was Sie besprochen haben.

Bekenntnisse

Diese Seite ist für Ihre eigenen Notizen gedacht. Nehmen Sie sich die Zeit, zu überlegen und aufzuschreiben, was Sie sich vornehmen möchten. Was ist es, und mit wem wollen Sie dieses Ziel gemeinsam ansteuern? Schreiben Sie alles auf, sodass Sie es immer wieder nachschlagen können. Es geht schließlich um Ihr Leben!

Die Weisheit der FISH!-Philosophie findet sich in jedem von uns.
Sie haben alles, was Sie brauchen, um anzufangen.
Gehen Sie Ihr Leben lang FISH! fangen.

Wir möchten Sie als FISH!-Lebensberater gewinnen

Schicken Sie uns Ihre Geschichte und werden Sie einer von den *FISH!-Lebensberatern.* Im Folgenden finden Sie einige Beispiele für die Geschichten, die uns in den letzten drei Jahren von Frauen und Männern zugeschickt wurden, welche die FISH!-Philosophie mit nach Hause genommen haben. Senden Sie uns Ihre FISH!-Geschichte, wenn Sie wollen, dass sie Teil der *FISH!-Lebensberatung* wird.

Spiele

Aus einer anonymen E-Mail:

Eines Abends nach dem Essen setzten sich meine Eltern kopfüber auf ihre Stühle, sodass ihre Beine in die Höhe ragten und ihre Köpfe unter den Tisch guckten. Natürlich haben meine Schwester und ich es gleich nachgemacht, und wir alle mussten lachen, bis uns der Bauch wehtat. Dieses Erlebnis gehört zu den schönsten Erinnerungen aus meiner Kindheit.

Bereite anderen Freude

Was mir an dieser Geschichte, die uns per E-Mail zuging, ganz besonders gefällt, ist die Art, wie sie beschreibt, dass man aus einer eigentlich negativen Situation mit Hilfe von „Bereite anderen Freude“ eine positive machen kann. Falls Sie Ihre Geschichte wieder erkennen, nehmen Sie doch bitte Kontakt mit mir auf, damit ich mich bei Ihnen bedanken kann. Sie sind eine wunderbare Geschichtenerzählerin!

Richtiges Verhalten kommt oft von richtiger Vorbereitung. Das habe ich gelernt, als meine Tochter zum ersten Mal in ihrem Leben zum Zahnarzt gehen sollte. Beim zweiten Besuch waren wir dann besser vorbereitet.

Als wir ein Wochenende bei meinen Eltern verbrachten, fiel mir auf, dass ihr Lehnsessel mit der beweglichen Leselampe einem Zahnarztstuhl ähnelte. Ich ernannte meine Tochter zu meiner Zahnarzthelferin, und wir richteten uns ein Tablett mit Großmutters Zahnbürste, Zahnpasta, Zahnseide und einem Plastikbecher mit Wasser her. Dann baten wir meine Mutter, sich in den Stuhl zu setzen, und steckten ihr eine Serviette in den Kragen. Mein Vater stand hinter uns und ahmte das Bohrergeräusch nach (was ihm eine Menge Spaß machte). Hinterher waren wir richtig stolz auf unsere Arbeit: Die Großmutter hatte ziemlich saubere Zähne und nur ganz wenig ge-

blutet. „Zahnarzt" ist seitdem das Lieblingsspiel meiner Tochter, ihrer Cousins und Cousinen, wann immer sie bei den Großeltern sind. Und keiner von uns hatte je wieder ein Kariesproblem.

Sei präsent

Aus einem Telefongespräch:

Ich hatte meinen Söhnen schon vor langer Zeit versprochen, einmal mit ihnen hinterm Haus zu campen. Sie freuten sich darauf, eine Nacht im Zelt zu schlafen. Die Zeit verging, und dauernd kam irgendwas dazwischen, sodass wir unser Camping von Woche zu Woche verschieben mussten. Irgendwann hörten meine Söhne auf, mich zu fragen, wann wir zelten würden, und ich gebe zu, dass ich darüber erleichtert war. Dann las ich bei Ihnen über das „Präsentsein" und das Versprechen, das Sie Ihrer Tochter gaben, bevor sie von einem betrunkenen Autofahrer getötet wurde. Am nächsten Morgen sah ich in den Spiegel und nahm mir fest vor, „präsent zu sein" für meine Söhne, wirklich ein Teil ihres Lebens zu sein. Letzte Nacht haben wir im Garten gezeltet und uns dabei prächtig amüsiert.

Wähle deine Einstellung

Aus einer E-Mail:

Wenn man weiß, dass man am nächsten Morgen wenig Zeit

haben wird und ein Kleinkind hat, das regelmäßig morgens beim Anziehen Theater macht, was ist dann so verkehrt daran, dem Kind abends frische Sachen anzuziehen und es darin schlafen zu lassen? Ist es nicht vollkommen unerheblich, dass der Rest der Menschheit sich abends Pyjamas anzieht? Wenn wir es anders halten und es so der Familie einfacher machen, mit einer glücklichen Einstellung in den neuen Tag zu starten, dann tun wir es eben. **Aber Vorsicht:** Erzählen Sie Ihrer Mutter nichts davon, denn Großmütter haben normalerweise wenig Verständnis für derartige Dinge.

SLRunner@aol.com ist die E-Mail-Adresse, unter der wir gern Ihre Geschichten und Ideen empfangen möchten, falls Sie sich an der *FISH!-Lebensberatung* beteiligen wollen. Ich wünsche mir, eines Tages ein ganzes Buch voller Geschichten von Menschen zu haben, die die FISH!-Philosophie nutzen, um ihr Leben zu bereichern, ihre Beziehungen zu stärken und ihre Kinder zu erziehen. Es werden vielleicht nicht alle Geschichten zur Veröffentlichung kommen, doch wir machen Sie darauf aufmerksam, dass Sie mit Ihrer Zusendung grundsätzlich einer redaktionellen Bearbeitung und Veröffentlichung zustimmen.

Danke, dass Sie FISH! für Ihr Leben entdeckt haben!

Stephen C. Lundin, Doktor der Thunfischkunde

Danksagung

Wir möchten als Erstes unseren Familien danken. Harry bedankt sich bei Mary, seiner Frau, sowie Rachel und David, seinen Kindern, für die Freude, die sie in sein Leben bringen, und die unermüdliche Unterstützung, die sie ihm zuteil werden ließen, während er FISH! auf den Weg brachte.

John dankt seiner Frau Gaye und seinen Töchtern Tori und Kelsey. Sie waren die Konstanten in seinem Leben, als er sich der Herausforderung stellte, die Leitung von ChartHouse zu übernehmen.

Und ich möchte mich bei meiner Frau Janell für ihre Unterstützung, ihre Liebe und ihre Weisheit bedanken. Sie ist die erste Person, die liest, was ich schreibe, und ihre Kommentare treffen immer wieder ins Schwarze. Meine Töchter Beth, Melissa und Melanie leben nicht mehr bei uns, aber ich spüre ihre Gegenwart täglich – ebenso wie ihre Begeisterungsfähigkeit, Liebe und die brillante Unterstützung, die sie mir gaben. Und wo wir gerade bei „brillant" sind: Ich danke auch meinem Hightech-Schwiegersohn Paul, der dafür sorgt, dass ich stets auf dem Laufenden bleibe, und mich daran erinnert, was es heißt, ein bewusstes, kreatives und produktives Leben voller Liebe zu führen.

Alles, was ich zu unseren Verlegern, Hyperion, zu sagen habe, ist: „Wow!" Dies ist nun das vierte Mal, dass ich mit ihnen zusammenarbeite, und von Mal zu Mal bin ich dankbarer für die überwältigende Arbeit, die sie leisten. Die großartigen Menschen, mit denen wir bei Hyperion zu tun haben, sind Bob Miller, Ellen Archer, Jane Comins, Mark Chait, Kiera Hepford, Corinna Harmon, Jill Sansone, Sharon Kitter, Mike Rentas und Adrian James. Sie alle sind wunderbar – wenngleich ich einen von ihnen ganz besonders hervorheben möchte: den ganz und gar außergewöhnlichen Will Schwalbe. Will, deine geduldige Anleitung, dein großes Wissen, dein Enthusiasmus und dein Verstand faszinieren mich stets aufs Neue. Du setzt Maßstäbe, Will, und von dir habe ich so vieles gelernt. Für mich ist es eine Bereicherung, Zeit mit dir verbringen zu dürfen.

Eine der besten Entscheidungen, die ich je getroffen habe, war die, Margret McBride zu meiner Assistentin zu machen. Sie war und ist eine erstaunliche Frau. Im letzten Jahr, während wir an diesem Buch arbeiteten, hat sie sich einigen jener Herausforderungen stellen müssen, die wir in unserer Geschichte beschreiben. Sie hat einen Großteil ihrer Zeit und

Energie in die Fürsorge für ihre Eltern investiert, und unser Respekt gilt der Souveränität, mit der sie diese Herausforderungen meisterte. Wir möchten dir unseren Dank und unsere Hochachtung aussprechen, Margret, für den hervorragenden Beitrag, den du geleistet hast, und wir möchten dich unserer Zuneigung und Unterstützung in diesen schweren Zeiten versichern. Zur Truppe von McBride Literary Agency gehören Donna DeGutis, Renee Vincent, Faye Atchison und Anne Bomke.

Tragen Sie die FISH!-Philosophie auch in Ihr Unternehmen

ChartHouse Learning hat eine ganze Materialsammlung zusammengestellt, die Ihnen helfen soll, die vielen Vorteile der FISH!-Philosophie in Ihr Arbeitsleben zu integrieren. Dazu zählen: die preisgekrönten Filme FISH!, FISH! STICKS und FISH! TALES, die dazugehörigen Bücher, Präsentationsmaterial und FISH!-Zubehör. Falls Sie mehr darüber erfahren wollen, besuchen Sie uns einfach im Internet:

www.fishphilosophy.com und
www.training-media.de

Sind Sie bei der Arbeit, in der Schule oder zu Hause auf die FISH!-Philosophie aufmerksam gemacht worden? Hat sich dadurch in Ihrem Leben etwas geändert? Wenn Sie eine Geschichte haben, die Sie gern erzählen würden, wenden Sie sich an uns: Fishtales@charthouse.com

Unser Ziel bei ChartHouse Learning ist es, Menschen Erkenntnisse zu vermitteln, mit deren Hilfe sie ihre Erfahrungen im Arbeits- und im Privatleben nutzen können, um ihrem Leben eine Richtung und einen Sinn zu geben. Wenn Sie mehr über unser Programm wissen möchten, besuchen Sie unsere Website: www.charthouse.com